何兆武
思想文化随笔

必然与偶然

何兆武谈历史

何兆武 / 著

学林出版社

自　述 *

我原籍湖南岳阳，1921年9月生于北京。1937年7月抗日战争全面爆发时就读北京师范大学附属中学高中一年级；9月全家间道南返故乡，在长沙中央大学附属中学（由南京迁校）；1939年入西南联合大学；1943年毕业于西南联大历史系；1943年至1946年读清华大学（西南联大）研究生。

毕业后，按时间顺序，我基本的简历如下：1946年至1949年任中国台湾"建国中学"、湖南第十一中学教师；1949年至1950年于华北人民革命大学政治研究院毕业；1950年至1952年任北京图书馆编目员；1952年至1956年任西安师范学院历史系讲师；1956年至1986年任中国科学院（中国社会科学院）历史研

---

* 本文原载《世纪学人自述》（北京：北京十月文艺出版社，2000年），收入本书，编者略有修改。

究所助理研究员、研究员；1986年后任清华大学文化研究所教授。

在学术交流方面，1980年任中美文化交流委员会中方访问美国学者；1984年任美国哥伦比亚大学鲁斯基金访问教授；1986年至1987年任中国社会科学院世界史研究所特约研究员；1993年至1995年任德国马堡大学客座教授。

我自己幼儿时正值军阀混战，但北洋军阀统治时期仍给我留下了深刻的印象——它和后来的国民党统治时期有很大的不同——有些印象至今难忘。其后做小学生时又值"北伐"和"九一八"事变，"九一八"事变以后无日不在危城之中。上中学时，全民抗日战争爆发，随后是不断的颠沛流离。上大学时是"欧战"，继而是太平洋战争的爆发。读研究生时，第二次世界大战结束。或许是由于自幼在古老的北京城里生活所培育的思古之幽情和连年战乱所引发的对人类历史和命运的感触和思索，使我选择了历史作为专业。

求学时期许多师友的启发，以及虽在战时却仍然相当丰富的图书与便利的阅读条件，容许我经历了相当长的一段难忘的时光。在物质生活极其艰苦之时，却往往能得到精神上无比的启蒙之乐。

当时的校园没有严格的组织纪律，它给了学生们很大的自由度，可以自由转系、自由旁听，不同专业和不同年级的同学共同生活在一起。我自己曾前后转过四个系，曾旁听过吴宓先生的"欧洲文学史"和"文学与人生"，沈从文先生的"中国小说"，陈福田先生的"西洋小说"，张奚若先生的"西洋政治思想史"和"近代西洋政治思想史"，刘文典先生的"温李诗"，冯至先生的"浮士德"，汤用彤先生的"大陆理性主义"和其他的课程和讲演。这些都不是我的必修课和选修课。同学好友中王浩和郑林生都曾对我的思想有过很大的影响。他们的专业我虽然一窍不通，但他们的谈话和思路每每给我以极大的启发。在专业上，噶邦福老师（J.J.Gapanovitch）则是引导我对历史哲学感兴趣的指路人。

新中国成立后，自20世纪50年代至20世纪80年代我参加了侯外庐先生领导的中国思想史研究班子，作为他的助手工作了30年。

我认为侯先生的最大优点和特点是决不把思想史讲成是思想本身独立的历史，即不是从思想到思想，而是把思想首先当成是现实生活的产物，然后才是它从前人的思想储备库中汲取某些资料、方法和智慧。这本来也是马克思主义最根本的原则之所在，即存在决定意识，而不是意识决定存在。然而20世纪60年代所风行的观点却正好反其道而行之，专门强调思想领先，把事情说成是思想在决定一切存在，历史是沿着思想所开辟的航道前进的。当时各种运动、劳动、社会活动和不务正业的各种业务接连不断，几乎占去了一个人绝大部分的时间，自己的专业也就无从谈起。

因为对西方思想史也感兴趣，所以不时也偷暇翻阅一些，这在当时被认为是"自留地"或是"地下工厂"的。偶然得到了哈布瓦赫（Halbwachs）的卢梭《社会契约论》的注释本。卢梭的书已是西方思想史上的经典著作，在中国近代史上也曾大有影响，而居然没有一个可读的中译本，更不用说注释本。于是我又找来几种名家的注释本和沃恩（Vaughan）的权威本，除了翻译本文之外，还做了些集注的工作，多年来已前后修订过三次。

近代西方思想史，我以为实际上是两大主潮的互相颉颃：一条是由笛卡尔所开辟的"以脑思维"的路线；另一条是由帕斯卡所开辟的"以心思维"的路线。后一条路线并不违反科学，帕斯卡本人就是近代最杰出的数学家和实验物理学家。

我恰好有一本布伦茨威格（Brunschvicg）的帕斯卡权威本，所以就译了他的《思想录》，并找了几种注释本，也做了一点集注和诠释的工作。在我感兴趣的历史哲学领域,我以为康德的《历史理性批判》一书,迄今仍不失为西方最深刻、最有价值的著作,所以在20世纪六七十年代把它译了出来。

20世纪70年代以后,时间较多,研究环境也较前宽松,几次出国,也接触到了一些过去未能见到的书和材料,于是又动手翻译了几部书,也写了一些文章。文章大多已收入自己的书中和文集中。

近代中国较近代西方落后了一步,所以19世纪、20世纪的中国还在补西方18世纪、19世纪的课。把历史学认同于科学,就是在思想上补19世纪实证主义的课。

我以为历史学既有其科学的一面(所以它必须服从科学而不能违反科学),又有非科学的一面(所以就不能以实验科学那种意义上的科学要求为尽历史学之能事)。

作为一门独立的学科,历史学(和人文学科)还另有其自己独特的纪律、规范和准绳(Criterion)。我希望有人能把它写出来,我自己也愿意做一点抛砖引玉的工作。

历史学研究的对象是人的活动,所以研究人性运动的轨迹(即历史)就是历史学的当然任务。人性当然包括阶级性在内,但阶级性并不能穷尽人性。善意固然是人性，恶意也是人性。"文革"对于其他专业工作者未免是一种损失，使他们失去了大量宝贵的钻研时间。但是唯独对于文科来说（如历史学、哲学、文学等），它却也是一次无比的收获，它使得我们有千载难逢的机会去体验到人性的深处。几千年全部的中国历史和在历史中所形成的人性，都以最浓缩的形式在最短的时间之内迸发出来。如果今天的历史学家不能运用这样空前的优异条件写出一部或若干部的中国史、世界史以及历史学理论、方法论、历史哲学的书来，那就未免太辜负自己所经历的时代了。

| 目　录

001　　历史两重性片论

017　　历史学两重性片论

052　　对历史学的反思
　　　　——读朱本源《历史理论与方法论发凡》

070　　历史学中的重要一章

074　　历史哲学与历史学哲学

080　　对历史学的若干反思

102　　历史理性的重建
　　　　——奥特迦·伽赛特历史体系观散论

163　　评波普尔《历史主义的贫困》

190　　历史学是科学吗？

215　　历史学家、历史学和历史

218　历史是什么？

223　史学理论要与史学实践相结合

226　指导思想不能代替理论研究

229　史学理论应该有一个大发展

233　**编　后**

历史两重性片论

◇ 全部已往的历史和当代的历史都可以表明，人类并没有仅仅因为科学的进步，就能保证自己的生活更美满、更幸福。美好的生活、美好的社会和美好的历史前景，并不仅仅依赖于我们必须是"能人"，还更加有赖于我们必须是"智人"，是真正有智慧的人。

◇ 一种理想被强调到极端、被绝对化，就要转化成自己的反面，博大转化为褊狭、自由变成专制，等等。

◇ 我们应该学会正视人的缺点和弱点，这可以提高我们的认识和境界，也是一切时代健全的精神文明之所必需。在理想和现实之间怎样保持一种最佳状态的和谐与平衡——这应该成为衡量一切思想体系的一条准则。

◇ 世界上不可能有脱离普遍规律与价值之外的特殊；任何特殊性必须服从普遍性，特殊性乃是普遍性之下的特殊而不是普遍性之外或之上的特殊。普遍性是普遍的、必然的、放之四海而皆准的，特殊性则是特定条件下的产物，特定条件改变了，特殊性也就随之而变。

◇ 关于物质生活方面的进步，大抵可以认为是带普遍性的，是所有走上近代化道路的民族都必须遵守的，因为没有一个民族可以说自己就是以其贫穷和落后而完成了近代化的转化历程的，而要摆脱贫穷和落后，就必须依靠科学和工业，所以科学化和工业化就是近代化的必由之路。

◇ 一个一体化的世界恰好就在于其中的各个成员（个人、集体、民族）各以其独特的创造性而赋予它以朝气蓬勃的生命力。没有个体和个性的充分发展，集体就不会有生命力。一个美好的世界中的每个成员都应以自己的贡献来丰富它的内涵，同时在这个一体化的世界中每个成员也就反过来可以更多、更频繁，而且更方便地汲取自身以外的营养。

◇ 科学在近代已经取得了无与伦比的胜利，但是它还没能完全克服人们思想中的褊狭、愚昧和迷信，它还需更好地认识它自己的有效性的范围，承认在自己的领域之外的其他各种非科学思想的合法地位，包括道德、伦理、信念、理想、感情等在内。

◇ 没有人文学术的健全发展，科学（知识就是力量）一旦失控，将不但不是造福于人类，反而很有可能危害于人类。

一

思想在近代西方18、19世纪达到了这样的一个高度,以至于人们真诚地相信思辨理性和科学正在把人类带入一个地上的天堂。从孔多塞到斯宾塞都深信不疑并且期待着人类正在一往无前、义无反顾地渐入佳境。但是20世纪的第一次世界大战粉碎了这种乐观主义的美妙梦想。恰好在这个关头问世的斯宾格勒《西方的没落》一书,与其说是一个历史哲学家的推论,不如说是一个悲观主义者的一曲感伤的挽歌。第一次世界大战后,梁启超去了一趟欧洲,归来写了一篇《欧游心影录》,慨叹西欧科学万能之迷梦的破产,是一篇对当时西方心态的写照。梁老先生不失为思想界一位感受敏锐的先行者。然而由于当时中国近代化的进程落后了一步,当时所需要的仍然是19世纪的思辨理性、民主和科学。于是,在随之而来的科玄论战中,宣扬生命哲学的张君劢就成了人人喊打的玄学鬼,诚可谓良有以也。

人类历史就是在二律背反之中前进的,古今中外都不例外,只不过中国比西方的调子慢了一拍而已。当时对西方来说,基督死去了,19世纪天真而乐观的科学主义和实证主义也死去了。到了本世纪(20世纪)二三十年代,传统的自由、民主的价值观也日益褪色和淡出，似乎正让位于某些新的激情。自从现代化思潮步近代化思潮的后尘而来，在哲学领域里分析学派、语言学派、存在主义、结构主义等各种新学说、新理论层出不穷，使人目不暇接，但又往往各领风骚三五年。它们的生命力究竟如何？有的早已不过是昙花一现，有的也尚待时间的考验，迄今似乎还没有一种近代思潮能够持续近一个世纪之久而深入人心的。在这个从近代化到现代化转型期的思想状态中，有哪些是西方思想史所特有的现象，又有哪些是对全世界具有普遍意义的现象？这是一个尚待解答的问题，也是一个涉及历史哲学的问题，即人类向何处去的问题。

如果人类历史的行程也遵循一条自然而又必然的规律，那么这个问题是可以解答的，是可以预见的。如果人类历史的行程是人类自己所选择、所决定的，即人类是创造自己历史的主人，那么这个问题就是无法回答也无法预见的。也许在这里，我们不妨同意历史具有其两重性的论点，即作为自然人，人的历史是服从自然和必然的规律的；但作为自由和自律的人，他又是自己历史的主人，是由他自己来决定自己的取向的。作为自然人，人对自己历史的所作所为不负任何责任；但同时作为自己历史的主人，人却要对自己的历史负全部的责任。向何处去的问题，是要自己做出抉择的。历史哲学家或历史科学家是无法越俎代庖事先做出预言的。就前一方面而言,思辨理性(科学)就是必要的,是须臾不可离弃的。一些现代思想家们企图彻底否定科学思维,表面上极端激进,而实际上却使自己陷入极端保守主义,事实上倒退到前－近代化乃至史前的原始思维状态。同时我们也要看到,单靠思辨理性还是远远不够的:全部已往的历史和当代的历史都可以表明,人类并没有仅仅因为科学的进步,就能保证自己的生活更美满、更幸福。美好的生活、美好的社会和美好的历史前景,并不仅仅依赖于我们必须是"能人",还更加有赖于我们必须是"智人",是真正有智慧的人。知识就是力量。但力量并不意味着就是美好和幸福,它也可以意味着邪恶和灾难,人类掌握核能就是一例。理想主义者不顾现实,每每流于空想和幻想,有时候直如梦呓;而现实主义者又每每缺乏理想,苟且度日,缺少为任何真正的美好和幸福所必须付出的崇高精神。思想是行动的先导,衡量一家思想时,重要之点是要看它能否找到这二者之间最佳的结合。

前不见古人,历史学不能复活古人;后不见来者,历史学也不能预示来者。但无论如何,前人的思想和行为、经验和教训对我们不失为一种启迪,使我们对世界、对人生可以有更深的体会乃至智慧,也许这不失为思想史的功用之所在。

二

据《福音书》记载，耶稣说他的天国不是在这个世界。在这一点上，基督教颇有契于希腊的思想。从柏拉图起，希腊人就明确划定了两个世界：完美的理念世界并不是也不能等同于现实生活中的不完美的世界。这种两个世界的观念似乎从不曾为中国的哲人所认可。中国哲人只有一个世界，那就是我所生活于其中的这个唯一的现实世界，他们的理想国只能落实到这个现实世界，而不是在任何的彼岸或彼岸的任何地方——哪怕那是一个最能体现道体的"小国寡民""邻国相望，鸡犬之声相闻，民至老死不相往来"的理想国。当然，这个区分也不可绝对化。理想国在此岸迟迟不能实现难免令人失望；但是仅仅对彼岸的憧憬又不能解决现实生活中的苦难。于是我们就在历史上随时随地都看到有二者的交叉：即使在人欲横流的时代，我们也仍然看到了伟大的精神上的执着和追求；即使在无限崇拜与信仰的时代，也仍然看到了有极端的不平等和人欲横流。这是古今中外莫不皆然的。能意识到这一点，就可以使我们对历史有更深切的体会。18世纪的"哲学家"们以他们理性主义的思维构筑了一座天城，他们的天城和历史上一切伟大的思想和观念一样，对人类的文化史曾做出了不可磨灭的贡献。但同时他们的局限也应该使今人引以为戒。一种理想被强调到极端、被绝对化，就要转化成自己的反面，博大转化为褊狭、自由变成专制，等等。我们今天应该警惕不要再犯历来思想家所轻易犯的那种错误，即以一种古波斯拜火教式的思维方式，要求思想做到非此即彼、有或全无的清一色。我们应该学会正视人的缺点和弱点，这可以提高我们的认识和境界，也是一切时代健全的精神文明之所必需。在理想和现实之间怎样保持一种最佳状态的和谐与平衡——这应该成为衡量一切思想体系的一条准则。

历史上总是有些乐观主义者天真地认为人性中所潜存的理性成分终将会逐步充分地发展出来，最终能克服一切阻力步入人间天堂。果真如此的话，历史进入了近代和现代，就不应该有那么多惨痛的灾难了。人如果完全能听从思辨理性的引导，世界上大概根本就不会有战争。自古某些哲人们所相信的种种廉价的性善说和进化论，看来毫无理论上的和事实上的根据。当然，这并不意味着相反的观点——人性是彻头彻尾的恶——就是正确的。18世纪对于启蒙和理性的天真信仰，今天已经成为往事了；19世纪科学主义和实证主义的进步信念，今天也已经式微。继此而后在现代化的西方，各种新思想、新学说层出不穷、纷然并陈，它们之中的某些科学成分将不会失其持久的价值，但其中不科学的成分却可能只不过是对前一个时期占统治地位的思想意识的一种短期的反弹或反拨而已。

人性大致可以分为三个组成部分，即1.自然属性，它大体上是不变的，或者至少可以说历史还太短，不足以使我们看出它有什么变化。2.社会属性，它是特定的社会条件之下形成的。社会在变，人性的这部分也因之而变。3.个性，这主要是个人自身努力或者有意识地造成的。在同样的自然的和社会的条件之下，各人之间的差异仍然是显著的，体现为不同的思想、性格和作风。前两种组成部分是不自由、不自主、被天赋或被环境所决定的，而个性则在很大程度上是自我造就、自我规范、自我决定或自律的，是人的创造性的用武之地。创造性当然也要在一定的基础和条件上进行，不能一空依傍，但原有基础和条件只是外部制约，并不必然会产生出某种创造性。创造有恃于人为的、自觉而自律的努力，但机械式的决定论或进步观，却每每忽略了这一点。人的创造并不都是必然的，所以历史的面貌也并不都是必然的。创造性往往带有极大的个性，它是一场

"思想的冒险"(怀特海语)。每个人各不相同,所以每个人所创造的历史也各不相同。人性中的这部分创造性,乃是历史行程中最无法预料的部分。人性的全面发展曾经是近代许多哲人(包括马克思在内)的向往,但单纯的或知识或科学或善意或奉献或忠诚或热情等,都不足以语此。看来任何现代化的思想体系如想获得成功,就必须对此提出更高明的看法和更切实际的方案。

三

全部的人类文明史实质上只经历了两大阶段:传统社会(前-近代化社会)和近代化社会。

人生本是万有不齐的,没有两个人完全一样,也没有两个集体完全一样。任何以某种抽象的道德概念(如勇敢与怯懦、勤劳与懒惰、大公无私与唯利是图等)来概括并两分各色人等,总会难免不确切。但在人们的千别万殊之中却又并不是完全没有某些普遍性可寻,也并不是完全没有某些共同的价值取向。如若不然,社会就成了一盘散沙,无法结合为一体了。当然,每个民族、每个集体、每个个人都必然有其特性,但那比起普遍性的规律和价值来,终究是第二位的、次要的。世界上不可能有脱离普遍规律与价值之外的特殊；任何特殊性必须服从普遍性，特殊性乃是普遍性之下的特殊而不是普遍性之外或之上的特殊。普遍性是普遍的、必然的、放之四海而皆准的，特殊性则是特定条件下的产物，特定条件改变了，特殊性也就随之而变。总之，特殊性虽有其特殊的领域，却不能自外于普遍性的规律与价值。但是在有关近代化的进程问题上，这里也涉及一个比较难于解决的问题。

近代的西方思想文化领先于世界。西方在近代化过程中之领先于世界，是以它的近代化的思想文化为其前导的。然而其中有些具有普遍性，是任何其他民族由传统走入近代所必须采用和遵循的，又有另一些是特殊性的事例，可以各自走自己的道路，是先进的西方所不可能也不应该强加于别的民族的。关于物质生活方面的进步，大抵可以认为是带普遍性的，是所有走上近代化道路的民族都必须遵守的，因为没有一个民族可以说自己就是以其贫穷和落后而完成了近代化的转化历程的，而要摆脱贫穷和落后，就必须依靠科学和工业，所以科学化和工业化就是近代化的必由之路。但是要满足这些物质层次的需要，又必须有相应的社会体制与之配套。因而某些社会体制也就是必要的，如法制，如较为普及的教育和相应的社会福利体系，等等。但是这些最初产生于西方的体制，是不是对近代化全部都属必要呢，还是可以有所选择并加以改变呢？比如，宪法是规范一个近代化国家制度之所必需，然而是否一定要采用三权分立的体制，抑或一元化的领导也可以行得通呢？再进一步，则建立在近代西方社会文化背景之上的种种思想体系、人文价值以及艺术观念，显然并不是全部都需要的，但或许也并不是全部都不需要的或要不得的，至少还需要它们作为参考和借鉴之用。有无这些参考和借鉴，其结果是大不相同的。最初出现于西方的内燃机、无线电等是所有民族的近代化所必需的，但是莎士比亚的诗歌、贝多芬的音乐是否也是一切民族近代化之所必需呢？一个民族自然要受自己传统思想文化的制约，要抛弃这个传统使自己全盘西化是不可能的，个人和民族永远都无法摆脱自己过去的历史。然而仍然要完全闭关自守、与世隔绝，则其结果便只会是永远落后于时代、落后于世界，连追随近代化的影子都谈不上。不学习先进，就永远要落后。一个半世纪以来中国思想文化的焦灼不安，实质上就是它在近代化进程中所引发的焦灼不安。究竟近代西方思想文化中有哪些是应该吸收的，哪些是可以参考和借鉴的，哪些又是需要拒斥的？

事实上，推动人类历史前进的，大抵要靠两种东西，一种是科学思想（思辨理性），一种是人文思想（非思辨理性）。前者是和人类物质文明的面貌紧密联系着的，后者则系于人类精神文明的面貌，但两者间没有一条截然的分界线，它们是互为条件、互相制约的一个综合体。物质需要决定了精神文明的面貌，但它不是唯一的决定因素；精神活动也在调节着物质生活的形态。例如一项政策的制定，可以有利于或不利于科学技术的发展；又如18世纪西方所要求的只是政治的民主，19世纪的经济活动已由自由主义逐步趋向于社会计划，到了20世纪则经济民主的要求来得似乎比政治的民主更为迫切和重要。经济民主是政治社会民主的物质保证，没有经济上的民主，政治和社会上的民主就会落空。1941年《大西洋宪章》于政治自由之外，特别标举"免于匮缺的自由"，可以看作反映这种思想演变的一项正式公告。

展望未来，或许有理由可以说，由于科学的进步，世界日益紧密地联结为一体的趋势是越来越明显了，而且这个趋势看来是无可逆转的。然则是不是世界的思想文化也相应地必然要趋于一体化呢？答案是：也必然要趋于一体化，不过它绝不是以消灭各民族的各个不同的思想文化为代价。恰好相反，一个一体化的世界恰好就在于其中的各个成员（个人、集体、民族）各以其独特的创造性而赋予它以朝气蓬勃的生命力。没有个体和个性的充分发展，集体就不会有生命力。一个美好的世界中的每个成员都应以自己的贡献来丰富它的内涵，同时在这个一体化的世界中每个成员也就反过来可以更多、更频繁，而且更方便地汲取自身以外的营养。它们可以更好地互相影响、渗透、交融和促进，在这种意义上也可以说，那将是一个在社会生活上一体化的世界，但在思想文化上却是一个多元化的世界，因为统一不是齐一，而是多寓于一、一寓于多。一个一体化的世界将更密切地联系在一起，它有别于传统世界中那种各个独立的单细胞式的文化，但它只能是通过其各个成员各不相同的思想文化的百花争艳来充实它自己。

任何清明的理智必须放弃思想上的片面化和绝对化，过分的理想化往往不切实际，乃至流为骗局，这就要求人们的思维方式更加科学化。科学在近代已经取得了无与伦比的胜利，但是它还没能完全克服人们思想中的褊狭、愚昧和迷信，它还需更好地认识它自己的有效性的范围，承认在自己的领域之外的其他各种非科学思想的合法地位，包括道德、伦理、信念、理想、感情等在内。现代化的某些思想往往带有反科学的色彩和倾向，这毋宁可以看作对科学主义专制的一种反抗。科学是不能反对的，也是无法反对的。科学思维方式是近代化历史进程中最伟大的因素，并获得了最可贵的成绩，在我们现代化的进程中也只能是发扬它而绝不可反对它。然而，正确地认识自己的有效性的范围，也应该属于科学和科学思想的任务。

仅仅有科学是不够的。科学只是人生和历史的构成成分之一，哪怕它是最重要而可珍贵的成分之一。人的价值以及人的历史意义（假如历史有意义的话），并不是由科学所规定或所给定的。人作为自由的主体乃是自行规定的，正因为如此，他才需要对自己的行为负责，负道德上的和法律上的责任。如果那是属于自然史的必然性之列，他就无须（而且也不应该）负任何的责任了。自然史属于必然性的领域，它的全过程（如日食、地震、山崩、海啸等等）并没有任何的目的存于其间。我们通常问自然现象是"为什么"？那只是在问，它是"由于什么原因"而出现的，而不是问它是否"为着一个目的"。自然史本身没有目的。人文史则正好相反，它的全历程自始至终都是贯彻着人的目的，人文史没有一桩事件是没有目的的。研究自然界不能采用任何目的论的观点，否则就会像伏尔泰所嘲笑的那样，老鼠天生就是为了给猫吃的，乃至于世上的万事万物都是为了一个好得不能再好的目的而造就的。然而，研究人文历史却片刻都不能脱离目的论的观点，因为人的一切活动都是有思想、有目的的，或者说是为了实现一个目的而采取的有思虑、有计较、有计划的行动。离开目的论，我们就无从理解人文历史，正犹如有了目的论，我们就无法理解自然的历史。据说达尔文提出进化论之后，就有神学家出来反驳说，那些古老化石的遗迹就正是上帝创世纪时故意那么创造出来的。

目的是历史中的人的因素，没有这个因素，物本身是不会创造历史的。所谓历史是人制造的，亦即由人的目的所驱动的。人通过物的手段，努力要达到人的目的，这就成其为历史。自然世界的物独立于人之外，而且与人无涉。而历史世界的物则是人实现自己目的的手段，它不是独立于人之外而是与人合为一体的。这样结合在一起的历史共同体就突出地表现为近代的科学与工业。也可以说作为历史主人的人所追求的，乃是物（科学技术作为手段）与人文价值（目的）二者相结合的最佳值。一切人文价值——自由、平等、博爱、生命权、财产权与追求幸福之权以及英明远见、大公无私、毫不利己专门利人乃至一切精神境界与道德情操，都不是也不可能是从科学里面推导出来的结论，它们是信念，是理想，而不是客观给定的事实和规律。但是没有这样最本质的一点，人就不成其为人，也就没有人文的历史而只有和其他一切物种一样的自然史了。因此要理解历史，我们就需要还有科学之外以至之上的某些东西：价值、目的、理想、信念。它们不属于科学实证的范畴之内，是科学所不能证实或证伪的，却又是人生和人的历史所非有不可的东西。我们需要它们，丝毫不亚于我们之需要科学。

展望现代思想文化的前景，也许我们可以初步做这样两点设想：1. 它将是一个日益一体化的世界，但并不是一个日益一元化的世界，而是一个多元化或多极化的世界，统一性要求并且包括最大限度地发展个性；2. 除了科学的进步，它还必须努力保持人文学术的同步发展，没有人文学术的健全发展，科学（知识就是力量）一旦失控，将不但不是造福于人类，反而很有可能危害人类。

原载《学术月刊》1998年第2期

历史学两重性片论 *

◇ 思想文化永远是全人类的共业——尽管其中每个人或每个民族的贡献或大或小、或多或少、或直接或间接。

◇ 有时候,人生之模仿艺术远过于艺术之模仿人生,如果我们把思想史也看成一门艺术,那么或许也有时候是人生之模仿思想史远过于思想史之反映人生。以历史上的英雄人物作为自己的人生理想,是常见的事。一个人的思想更多的也许只是模仿前人的思想更胜于创造自己的思想。因此,过去的历史就并非是死去的化石而是今天仍然溶化在我们的血液里,落实在我们的行动中。现在是从过去之中成长出来的,过去就活在现在之中。没有过去的思想,也就没有今天的思想。

◇ 在近代化的行程上,是西方思想曾经领了先,这对于中国思想的发展既是一个挑战,也是一个机遇。问题全在

---

* 本文系为《西方近代思潮史》一书所写的序言。

于我们怎样善于吸收和利用一切前人的成果，在近代化和现代化的进程中开创自己思想上的新局面。

一

人是自然界的一部分。人类作为自然界的一部分，其历史当然也是自然史的一部分。正如一切物种都有它们的自然史一样，人类也有其自身的自然史。但是人类的自然史只是人类的史前史。我们通常所谓的人类历史，并不是指人类这个物种的自然史，而是指人类的文明史。这是人类历史有别于其他一切物种历史的特征之所在。一切其他物种的历史都仅仅是自然史，唯有人类在其自然史的阶段之后，继之以他们的文明史。文明不是自然的产物而是人的创造。也可以说，文明史是自然史的一种外化。一旦人类的历史由自然史外化为文明史，它就在如下的意义上对自然史宣告了独立：那就是，它不再仅仅表现为是受自然律所支配的历史，同时它还是彻头彻尾贯穿着人文动机的历史。人文动机一词是指人类的理想、愿望、热情、思辨、计较、考虑、推理、猜测、创造乃至野心、贪婪、阴谋、诡计，等等。总之，是人类的思想，是为人类所独有而为其他物种所没有的思想——好的和坏的、正确的和错误的。没有人类的思想就没有人类所创造的事业，就没有人类的文明史，而只有和其他物种一样的单纯的自然史。没有人类的思想，就没有也不可能有人类的物质文明和精神文明（或者不文明）的历史。都是由于人类有了思想活动，人类才有了文明史。在这种意义上，一部人类文明史也可以说就是一部人类的思想史，是人类思想活动（及其表现为行动）的历史。

思想一旦出现在人类历史舞台之上，它就赋予历史以生命和生机，于是就有了文明史。思想是使人这个物种有别于其他物种的要素。或者说，人是一种能思想和有思想的动物。而思想之所以能够创造文明，那奥秘就在于思想是可以积累的。其他的物种都没有思想的积累，所以每一代都只能是简单地重复它们前一代的活动，那只是自然的或本能的活动，而不是思想的或（广义的）理性的活动。唯其是思想的或（广义的）理性的活动，所以人的知识就是可以积累的，每一代人都有可能利用此前一切文明的成果，所以人类文明就有了不断的进步。每一代人都在前人的基础之上进行创造性的活动，所以每一代人都比前人来得更加高明。自然史本身虽然也有变化，但是并没有进步可言。都是有了思想，人类文明才有可能而且确实是在不断地进步和创新。

思想之表现为文明史，可以是在物质方面，也可以是在精神方面，而这两方面又是综合为一个不可分割的整体的。这个整体就成其为人类的文明史。所以历史学不能单纯考虑物质方面，也不能单纯考虑精神方面，而是要把二者综合为一个整体，思想史则是其中最本质、最核心的部分。物质与精神双方的互相渗透、交融和影响，我们下面还要谈到。

二

历史（当然是指人类的文明史）是人类有思想的活动的历史，所以思想史就是通史而不是专史。专史研究的是历史上人类活动的某一个专门的方面，如数学史、音乐史，等等。通史研究的则是把人类有思想的活动——没有思想的活动便只是自然史——作为一个整体来看待。思想当然是一定历史现实的产物，没有一定的历史现实作为基础，也就不会有某种特定的思想。但是反过来，现实历史也是思想的产物。没有某种特定的思想，也就不会有某种特定的历史现实。就我们所要谈论的近代思想而论，牛顿和瓦特或卢梭和亚当·斯密，固然他们的思想都是近代西方历史的产物；但是反过来，近代西方历史也是他们思想的产物，他们的思想对于近代西方历史所起的作用和影响，是我们无论如何也不会估计过高的。没有牛顿的经典力学就没有近代科学；没有瓦特的蒸汽机就没有近代的工业革命；没有法国启蒙运动的思想，就不会爆发法国大革命那样的革命。驱动人们去创造历史的乃是人的思想。历史（人类文明史）并不是自然而然的产物，而是人为地、有目的地、有计划地创造的结果。

但是作为通史研究的中轴线的思想史研究之占有其在历史学中应有的位置，却是很晚的事。真正近代意义上的思想史研究，在我国的正式确立要从侯外庐先生有关中国思想通史的系列著作算起。至于有关西方思想史的研究，在二三十年代（20世纪）之交，曾有Merz的《19世纪思想史》的中译本问世，此后就几乎成为绝响，再也无人问津，既没有专著，也没有译著。一些参考书目中常见的几种西方流传的著作，也都还没有中译本行世。不过近半个世纪以来，国内对中国哲学史的研究已经逐步形成一门显学，而且其范围也远远超出了专史，在很多方面都与中国思想史互相重叠，乃至有日益趋同与混一之势，甚而连太平天国和义和团也都被揽入了哲学史。其实，太平天国和义和团的理论都只是民间信仰，是不能算作哲学的；如果硬要总结出其中的哲学，那也只能是后人所强加于前人的哲学理论而已。哲学史是专史。专史是从专业的角度考察问题的，带有很强的技术性，它考虑的是哲学问题（正如数学史所考虑的是数学问题），它并不考察人（作为历史的主人）的全部思想网络。它是从专业技术的角度回答专业技术的问题的，而不是从人类整体的发展脉络上解说人类的思想历程。当然，专史也要结合历史背景加以考察，但它所考察的并不是专业的历史本身，而只是历史为专业问题提供了什么背景条件。例如，修筑河堤需要多少土方，这在数学上是一个三次方程的问题，它诱发了人们对三次方程进行研究和解答。数学史家着眼于只是它如何解决了三次方程，他研究的不是河工工程在历史上的作用和地位。中世纪天主教的神学家们是不谈世界观的问题的，因为世界观是圣经里面早已经给定好了的，神学家们已没有再置喙的余地。神学家们的工作只是在这个前提之下去论证或阐发它是如何之正确而已。这里就是专史和思想史的区别所在。哲学史只研究哲学观念与问题的演变，思想史的对象则是一切人文动机（人们的思想、理论、见解、愿望等）如何参与并形成了历史的整体。思想与现实综合成为一个浑然不可分的历史整体。读者必须联系历史现实才能理解一个时代的思想，同时又必须联系一个时代的思想，才能理解该时代的历史现实。

专史所考察的专业问题，其本身具有独立于历史现实之外的价值，那是不以历史现实条件为转移的。例如，欧几里得几何或阿基米德原理，它们虽然是在一定的历史条件下产生的，但是它们一旦产生就向产生了它们的母体宣告独立，它们的价值就只存在于它们本身，而与产生它们的历史现实无关。我们今天仍然在学习它们并且理解它们、运用它们。但是哪怕对于一个研究科学史的人来说，也并没有必要深入理解它们和古希腊史之间的关系，科学史家也只考虑它们对于科学本身发展的贡献和价值。思想史的研究则不然。它不仅考虑观念本身的价值，而且要考虑各种观念具体的历史内涵和意义。如果脱离了具体的历史网络或语境去研究它们，那么我们对它们就只会停留在字面的认识，而没有达到真正意义上的认识。例如，历史学家在解说法国大革命的原因时，或则强调人民所受的压迫和剥削以及他们生活的困苦，或则强调启蒙运动对他们的思想启发。实际上，历史总是人们物质生活与精神生活的统一体。人民生活优裕固然不至于爆发革命，但是缺乏启蒙的觉悟，安于自己思想之被奴役的蒙昧状态，也难于爆发革命。即以法国大革命而论，难道当时法国邻近的德国人民或西班牙人民，其物质生活水平就高于法国吗？为什么恰好革命是在法国而不是在德国或西班牙爆发呢？酝酿了几近一个世纪之久的启蒙哲学，不能不说是一剂强而有力的催化剂。综观古往今来的史乘，革命并非只是在生活最贫困的时刻和地点爆发。这正是思想史或观念史（history of idea）所要研究的课题，但它不是专史的课题。专史不能代替思想史，正如思想史不能代替专史一样。

思想史所论述的是人们的想法和看法，包括最广泛意义的世界观和人生观。这正是人之异于禽兽的所在。因为人的一切活动（也就是历史）都是有思想的活动，在这种意义上，我们可以同意"一切历史都是思想史"的提法。历史抽掉了思想，就不成其为历史。单纯的自然史并不是历史，即不是我们通常所谓的历史（人文史或人类文明的历史）。人是有思想的动物，人类的历史是贯穿着人的思想活动的历史。正因为思想史的这种特性，所以它不是任何专史，如哲学史或数学史，等等。哲学或数学当然也是思想，所以也属于思想史的范围，但是思想却并不必须采取哲学的或数学的（或其他任何专业的）思维形式。古希腊谚语说："上帝以几何规范了全世界。"世界上的一切事物都必然要符合几何学的规划，这当然是对的。但是我们却不能用几何学的规则或者万有引力定律或其他的任何规律来解说历史，因为历史毕竟是人的创造物,是人的有思想、有意识的创造物。贯穿着人的全部物质的和精神的活动的是人的思想的整体,这就是我们所谓的思想史。

一个历史时代的思想活动,总会表现为诸多方面,但在许多方面之中我们又往往发现有某种或某些总的趋势或倾向,可以称之为潮流或主流。这就是人们所说的思潮,或者大致上就相当于德国史学家所喜欢用的Zeitgeist(时代精神)一词。中国近代曾经经历过许多次巨大的历史动荡或变革,每一次都可以说有一股强而有力的思潮或时代精神荡漾其间。这种现象,古人也称为气数转移,其实那不过是少数人率先登高一呼,他们的呼声响应了时代的要求,于是数百万人就风起云涌,汇为巨流,思想也就由学术圈子扩大为一个时代的潮流。从专业的技术角度而言,有些可能谈不到什么哲学(例如前面提到的太平天国和义和团);但就思想史的角度而言,它们都是一个历史时代的重大见证。属于同一个思潮的,不仅有观点和见解相同的人。有时候也会出现这种情况:貌似针锋相对或截然相反的两个极端,却都属于同一个思想潮流的不同侧面,这倒更会有助于我们看清楚一个时代思潮的真相所在。例如在一个极其动荡的时刻,往往会同时出现两种极端:一种是极端激进,要砸烂一切,从头开始;另一种是极端保守,要维护一切现状，万世不变。其实，双方有一个共同的出发点，那就是对现状的任何可能改善或进步的绝望心态，结果双方都是要复古，要把一切推回到原点上去。他们都不相信人类的思想文化是积累的。

三

人类的思想文化不妨划分为两类：一类是积累的，一类是非积累的。科学技术是一代一代层层积累的，愈积累就愈丰富也愈高明。这一点在历史上是灼然无疑的。没有17世纪的经典物理学，就没有18、19世纪在它基础之上发展出来的分析学派，而没有18、19世纪分析学派的成果和贡献，就没有而后19、20世纪之交的物理学革命。但是历史中的人文成分是积累的呢，还是非积累的呢？后人的道德、伦理、审美情操和心灵境界，是不是也由于代代积累而一代胜于一代呢？对这个问题似乎不如前一个问题那么容易给出明确的答案了。

属于人文范围的成分，大抵也可以分为两类：一类是涉及知识性的和技术性的，另一类是涉及非知识性和非技术性的。前一类是可以积累的，后一类则否。属于后一类的是个性的创造、个人思想与风格、人格修养、道德情操与心灵境界，这些是不能继承的，所以是无法积累的。

爱因斯坦比牛顿高明，牛顿比伽利略高明，一代胜过一代，这是毫无疑义的，因为知识是积累的，后人总比前人高明。但是今天作诗填词的人却未必就比李杜晏欧境界更高；高谈修养或精神文明的人，也未必就比2000多年前颜回"一箪食，一瓢饮"来得更高，因为这方面是非积累的。这后一方面每一个人都必须从头开始，薪尽则火熄，是不可能传给后世的。例如在艺术和哲学中就都包括有这两类成分。没有巴赫、莫扎特，就没有贝多芬；没有贝多芬就没有19世纪古典音乐的一系列大师。他们有许多知识性和技术性的东西是代代积累的，但是他们每个人的人格、品性和思想境界却是完全个性化的而又各不相同的，在这方面没有积累的问题。再如在哲学上，没有经验派和理性派，也就没有德国古典哲学；但是当时的每一位德国古典哲学家又是完全个性化的和各不相同的。就思想文化的积累和继承而言，砸烂或抛掉一切已有的成果，在理论上是错误的，在实践上是行不通的，在感情上则是虚无与绝望的心态的表现。如果借用当今的一个流行术语，抱有这种情怀的人不妨称之为思想上的"旁客"（intellectual punk)[1]。只有对人类的历史文化，也就是对自身丧失了信心的人，才会沦为思想上的"旁客"。他们既不接受人类历史文化的滋养，也不是人类历史文化的传承者，他们属于垮了的一代。事实上，所有形形色色的独断论者、唯我独尊论者，均可以作如是观。他们一点也不比他们所要打倒的对象更加仁慈，更为无害。这种虚无思想的发展，结果只能是使人类文化倒退到文明史以前的蒙昧状态。人类思想文化的前进只能是靠继承发展和不断创新，而绝不可能以任何方式彻底砸烂。谈到思想史研究的社会功能，则怎样珍惜和运用这份人类历史文化的宝贵遗产，应该是其中最为重要的一个部分。

我们可以承认，属于人文范围的，既有积累的部分，还有非积累的或不可积累的部分。这后一部分大抵涉及人们的价值观、道德取向和人生境界。它们之间的高下和优劣，往往难以进行比较，有时候甚至是根本无法比较的。诗人陶渊明曾着力描写了一派桃花源的生活，把它美化为自己的理想国。那里的人们竟然"乃不知有汉，无论魏晋"。但是哲学家康德却不赞成这样的理想国，他认为天生我材必有用，而一种阿迦狄亚式（Arcadian，

---

[1] 这种"旁客"往往是五颜六色、装束怪异的青年们，百无聊赖地聚集在街头，他们是思想上垮了的一代。

亦即桃花源式）的生活，却只能使人安于怠惰，无所作为，所以无法激发人们天赋才智的充分发展，因而就是不可取的。这两种不同的价值观和理想国，究竟哪一种更优越、更美好、更值得向往呢？以斗争或进取为乐的人大概愿意选择康德的那一种，而以淡泊和宁静为高的人大概愿意选择陶渊明的那一种。我们可以找到无数这类事例来表明，在涉及价值观的问题上是无法进行比较和评价的。我们很难说，哪一种就更值得向往。

就可积累的文化而言，人类历史的进步是毫无疑义的；物质方面的如飞机、汽车、电信、传媒等等，精神方面的如科学、哲学的许多研究以及种种艺术表现手段都是日新月异，为古人梦想所不能企及的。然而人类的精神境界也是在不断进步、今胜于昔吗？古人看见一个孺子跌于井，还不免有恻隐之心前去救护，今天不是也还有报道有关见死不救的事例的吗？问题的症结就在于道德或精神境界并不是积累的，所以它的发展过程就并不产生今不如昔或今胜于昔的问题。因此在有关积累性的思想文化方面，我们可以有一个坐标来衡量孰高孰低，孰优孰劣。而在非积累性的方面，因为人们不是在前人的基础之上更进一步，所以我们只能承认这里存在着不同的参照系，其中没有一个有权声称自己是唯一正确的。我们如果不能同时看到文明史进展历程的这两个方面，就不免有失于片面性的危险。如果我们能从阅读人类思想史中知道有更多的各种不同的思想、思潮和思维方式以及价值观念，这虽然未必就能使我们更有智慧，但至少可以使我们在古往今来的各种思想面前更加谦虚，更少一点自以为是。这可以有助于提高我们的精神境界。人类的进步应该不只是物质文明的进步，也还有精神文明的进步。然而仿佛是近代物质文明进步的步伐太快了，精神文明似乎跟不上去，望尘莫及，于是便出现了各式各样思想意识上的问题，使得人们往往有惶惑、苦闷和莫知所从之感。

四

众所周知的一个基本历史事实是：在古代，中国文明曾经在世界历史上居于领先地位，它和古埃及、古巴比伦和古印度文明并称为人类的四大古文明，再加上后起的希腊、罗马文明，代表着人类古文明的高峰。但是后来，其他的古文明，埃及的、巴比伦的、印度的、希腊罗马的都告衰歇，或则是被吸收入别的文明，或则是从此光沉响绝。其间唯独中国的文明一直延续下来，不但迄未中断，而且还不断发展，出现了而后中世纪的汉唐盛世和宋代灿烂的文化。这一人类文明史上独一无二的现象，堪称一大奇迹。在此后漫长的中世纪，中国文明仍然在世界历史上遥遥领先于其他一切文明，其间也许只有阿拉伯文明差可望其项背，而此时的西欧则正处于所谓的"黑暗时代"。

然而同样是众所周知的历史事实是：到了近代，中国落后了，比起西方来是落后了。近代科学在中国的出现比西方晚了两个世纪，近代工业比西方晚了两个世纪，近代的意识形态或思想体系大体上也要比西方晚两个世纪。西方的近代化过程要从16世纪算起，中国近代化起步要迟至19世纪末才正式开始。有人说，那原因在于中国资本主义的不发达，但又据说中国资本主义在16世纪已萌芽了。按马克思本人的论断，西欧资本主义的萌芽在15世纪末已散见于地中海上的若干城市，到了16世纪的最初30年就已大规模发展起来。然则，中国资本主义的萌芽何以竟迟迟不能开花结果乃至于长达4个世纪之久？当然，我们也可以反问，不开花结果的，究竟能不能算是萌芽？

中国何以以及怎样由先进而沦于落后的这一历史事实，是值得考虑的。通史的分期通常是三分法，即古代、中世纪和近代。三代各有其不同的思想文化,并非仅仅是时间上距离的远近而已。当近代的思想意识觉醒之后,西方知识分子自以为自己是启蒙了的,而把过去漫长的中世纪视之为愚昧和黑暗,他们转而从古典的古代去寻求某些文化传统,由此开辟了一个崭新的历史时代,即近代。古代、中世纪和近代的区别,在当时人们的心目之中非但是指时间的远近,而尤其在于它们精神实质的不同。中国历史上所缺少的正是这种意义上的"近代",也就是缺少了一个拥有近代物质文明和近代思想意识的历史时代。中国历史如果也想步入近代,就必须要经历一番近代物质文明与近代思想意识的洗礼,这就是所谓"近代化"的内容。我们今天所使用的"现代化"一词,其实是包括了两个步骤在内的,第一步是"近代化",待到"近代化"已告完成之后,便是下一个阶段,即"现代化"。

一个社会的形态和性质,是由其生产关系所制约的,而生产关系又是随着生产力的发展和变化而发展变化的。在生产力和生产关系二者的综合体中,即在生产方式中,生产力永远是最活泼、最积极、最主动的因素。而在生产力之中,科学技术又是第一生产力。所以大体上,有什么样的科学技术,就会有与之相适应的社会形态和思想体系。在历史发展的过程之中,最显著的变化首先就表现为科学技术。人类有了农业,就有了定居生活和传统社会;有了近代的科学和工业,就有了近代社会和近代思想。近代史稳固地占领了历史舞台,是和17世纪的科学革命及18世纪的工业革命分不开的,由此而形成了近代社会生活与近代精神面貌。近代社会有它自己一系列独特的、与传统社会迥然不同的思想意识。近代科学技术之高速度与加速度的发展,是古代、中世纪传统所无从梦想的,它那与之相应的政治社会和思想意识也是前人所未尝梦见的。就思想史的角度而言:宇宙的无限性及其运动的规律、机械论、分析的方法、进化论、个人主义以及由此而派生的人权论、人民主权论、自由主义、理性主义、科学主义、实证主义、社会主义等思潮都是由近代化所产生的,而为传统社会所不可能出现的。但是西方近代化的产物,并不必然就是一切民族的近代化过程所必不可少的一环。这是摆在中国近代化过程面前的难题。西方历史近代化过程所出现的一切事物,中国在她的近代化的过程中并没有必要全盘照搬,这样做不但是不可取的,也是不可能的。因为它的移植总有一个适应于本土的过程,那当然也就是一个改造西方舶来品的原装的过程。问题是在西方的近代化过程中,必然有许多西方的因素夹杂其间,那些因素并不必然是为其他民族所需要的。但是在西方的近代化的过程中又必然有许多近代化的因素，这些因素是为一切民族的近代化所必不可少的。这后一点在科学技术的层次上表现得特别突出。当然，某些社会体制的思想理论也是必不可少的。这就需要比较历史学进行深入的探索了。

以下我们将简略地回顾一下近代西方历史发展过程中的某些重要的思潮。它们都是西方近代思想中的重要组成部分，但并不一定就是思想近代化的必要条件和内涵。没有它们之中的某些就不成其为近代思想，但是没有它们之中的另外某些并不就不成其为近代思想或近代化的思想或思想的近代化。我们应该仔细分辨其中哪些对于近代化是有普遍意义的，因而是必不可少的，哪些并不具有普遍意义而是西方所特有的，因而对近代化就并非是必要的。这里既需要有科学判断，也需要有价值取舍。我们只能希望努力做到忠实于原思想面貌的介绍，而尽量不做价值判断。不过，人文学科的特点之一也许恰好就在于它有其不可离弃的价值观贯彻始终，而不可能做到像自然科学那样纯客观地探讨。

五

人类的知识是一个不断积累的过程，所以总的说来总是后胜于前、今胜于昔的。这是人文史之有别于自然史的所在，这就保证了文明——至少是在物质方面以及诸多社会生活和学术思想方面，虽然不见得是在道德、伦理和心灵境界方面——的不断进步。自然史的演进只是客观的事实，其间无所谓高下之别；但是人文史或人类的文化——至少有许多方面——是可以比较的，大抵是从较低朝着较高的水平演进的。从这个角度来说，也许人类文明之由传统社会步入近代社会乃是一个必然的趋势；因为当它积累到一定高度时，它就会突破传统而进入一个更高的级别，即近代。尤其是当近代文明已由西欧一隅扩展到了世界范围时——这场扩展应该承认是一个不可避免的世界历史趋势——全世界所有的地区就都被迫不得不也被纳入近代化的进程。这是一种不可阻挡而又不可逆转的世界历史趋势。这场世界性的近代历史进程应该从 15、16 世纪之交的西欧算起，而由文艺复兴、地理发现和宗教改革三场同时在改变世界历史面貌——从传统步入近代——的运动正式揭幕。对于这样一场世界历史性的大变革，也许在全世界的所有民族中要数中国文化及其心态是最难以适应的了。因为大体上自从有文明史以来，中国文化不但始终在世界上居于领先地位，而且和其他传统的古文明不同，她从未死去而是始终绵延不断地在成长和发展。毫无疑义，几千年来，她一直是世界上最大的而且是文化最发达的国家。这可以说明，为什么直到18世纪英国使臣马嘎尔尼觐见乾隆皇帝时，中国方面仍然是以天朝上国自居，而视当时的英国——毫无疑问它已经是当时世界最先进、最发达的国家——为蛮夷之邦。为什么在15世纪之前，中国文化在世界上领先，而到了近代之后局势竟然发生了逆转呢？有人认为这是中国的资本主义不发达所致。然则资本主义为什么在中国不发达或者发达不起来呢？据说是受到了落后的生产关系束缚的缘故。但是随着科学技术的发展，生产力为什么就突不破落后的生产关系的束缚呢？按理说，先进的生产力是完全应该而且有能力突破落后的生产关系的。这在理论上就陷入了一种逻辑上的兜圈子，似乎难以自圆其说。无论如何，从此以后几百年的漫长历史时期中，中国在近代化的进程上就落后于西方，不但在物质的层次上，也在思想的层次上。我们到19世纪，还在补17、18世纪的课；到20世纪还在补19世纪的课。直到19世纪中叶，我们才开始憬然于"船坚炮利"的夷人长技对中国也是不可或缺的东西。随后才开始觉悟到不单是技术层次的东西，还有基础科学也是同样需要的，于是引进了近代的声光化电和经典力学体系。到了19世纪末期，才又进一步认识到，在物质层面的后面,也还有社会政治体制的问题,于是提出了近代代议制的纲领,营求变法维新。同时稍后,又意识到不仅有社会政治体制问题,还有思想理论方面的问题,于是20世纪初就看到大量宣扬西方思想理论的潮流,而到了五四运动达到一个高峰。不过当时所谓的民主和科学(德先生、赛先生),其主要内容仍不出18世纪的人权论和19世纪实证主义的科学观。这一点,观乎当时所谓的国民教育纲领和科玄论战即可知。然而无论如何,中国必须近代化却是一个不可阻挡的历史潮流。"打倒孔家店"对于摆脱前-近代的传统束缚是功不可没的。当然,砸烂一切旧传统和崇古与复古一样,是永远不符合时代进步的要求的。人类的进步需要的是不断在已有的基础之上前进。人们不可能脱离文化传统而生活,也不可能局守在旧文化传统之中而生活。

六

大体上,近代化进程最关键性的契机乃是科学技术的进步及其所引发的社会生活和思想意识方面的根本变化。但同时它也造成了一种副作用,即它使得人们力图把全部人文生活都以科学为依归,无形中形成了一种根深蒂固的（18世纪的）理性主义和（19世纪的）科学主义或实证主义。但是人们的现实生活中却既包括有理性的成分，也包括有非理性的成分。

理性主义者只看到并只承认理性的成分，而不承认其中非理性成分的合法与合理的地位——这本身就是非理性的态度。一个真正的理性主义者必须承认非理性成分的合法与合理的地位。同样，真正的科学主义或科学态度，就必须承认人生中（例如在宗教信仰中或爱情中）某些非科学（但不是反科学）成分的合法地位，否则就不是真正的科学态度。理性或科学是人类文明（尤其是近代文明）中最重要的、必不可少的因素，没有它人类文明不仅不可能进步，而且根本就不可能存在；但它绝不是唯一在起作用的因素。人类的文明史永远不是，也不可能是科学或理性的一统天下。崇拜理性或科学过了头，就成为理性崇拜或科学崇拜，其结果就会走火入魔而成为和传统各色迷信一样的另一种迷信。事实上，自从17世纪近代思想和近代思维方式在西方奠基以来，西方思潮就沿着两条不同的而且互相对立的途径开展：一条是由笛卡尔所开创的理性思维的道路，另一条则是由与他同时的帕斯卡（也是最卓越的数学家和实验物理学家）所开创的以心思维的道路。在近代史上，17—19世纪由于科学取得的巨大成功及其深远的影响，似乎前者占了上风，科学似乎渗入了人们生活的每一个细胞；于是一切似乎最后都要以科学为唯一的准则和归宿。但是后一条思想路线却也不绝如缕，直到19世纪末叶科学发生了另一次革命，人们的观念才又开始转变。在中世纪，科学曾经是神学的婢女，为神学而服务。到了近代，情形似乎颠倒了过来，人们一切思想活动都应该成为科学的奴婢，都要以科学为其最高统治者——这里面同样包含着对思想、对人性的一种扭曲，即要把人生的全部都置于科学的绝对权威之下。世界上没有绝对的权威，权威只能是相对于一定的领域或范畴而言的。正是针对科学的这种绝对权威的专横跋扈或者说科学至上主义，从19世纪末就在各个领域（甚至也在科学的领域）出现了抗议的声音，当代欧洲各派大陆哲学都可以视为它的代言人。

近代科学的腾飞同时也似乎加深了物质文明与人文价值的分裂。物质文明先进的西方，是不是在精神文化方面也优异于世界其他地区，特别是中国呢？世界文明的近代化和一体化，是不是必然要排斥文化的多元论或多中心论呢？抑或两者可以并行不悖，甚至于是相辅相成呢？假如近代化和一体化就意味着一致、同一和齐一，那么世界文化将会再没有一片百花齐放丰富多彩的园地，思想和文化将会由于僵化而枯萎。整体的繁荣正有待于其中每一个成员、每一种文化都尽力充分散发自己的光芒。每一种文化乃至统一的世界文化，应该是一个多样性的统一体，一中有多，多中有一。其中的每一个成员、每一个组成部分都交光互影，彼此促进。秦代的思想专制、以吏为帅，罗马帝国的皇权神化、定于一尊，都导致了文化的衰落，成为国家覆灭的前奏。反之，我们也可以在历史上看到各种不同文化因素交光互影的效应。假如，没有印刷术的发明，在西方就不可能有知识的下移，从而有可能使文艺复兴和宗教改革揭开近代化的第一幕。印刷术、造纸术、罗盘和火药并称中国文明史上的四大发明。罗盘的西传就为地理大发现准备了极其重要的技术条件；火药的西传则使得市民阶级得以战胜中世纪封建领主们不可攻克的堡垒。从中国文明对于世界近代化所起的作用，可以看出各个民族、各种不同文化会怎样地丰富世界历史的整体。一花独放，永远都不会是春天。一是多的综合，不是多的消亡。一寓于多，多寓于一，五音齐奏，和而不同，才能奏出一曲扣人心弦的宏伟交响乐。

要把个人、各个不同的文化综合为一个整体，就必须有一种思想上的凝聚力；当这种凝聚力形成一股强大的力量时，我们就称之为思潮。单纯靠专制主义所达成的一致是不会巩固和持久的，因为它缺乏内在的向心力，这类事例古今中外的历史上不胜枚举。但是能够成其为这种思想凝聚力的统一，又必须是能最大限度地培育只有思想自由才能带来的创造性。思想自由曾经是西欧近代化的极重要的条件，一切民族的近代化当然不需要全盘西化，但思想自由却应不失为其中一个普遍有效的条件。对任何一个问题，人们的意见和见解都必然不会是完全一致，所以越是能包含各种不同意见和见解而达到的统一，才会是最有生命力的统一。它那生命力的茁壮就在于它那包容性的广泛。它能最大限度地吸收各种不同的营养，正如江海之大正是以其涓滴不弃故能成其大。这里不但是民主社会的魅力和奥秘之所在，更是任何优异的思想体系的魅力和奥秘之所在。

上面所提到的笛卡尔的思想法（Méthode cartésienne）和帕斯卡的思想方法（Méthode pascalienne）双方的对峙，在近代思想史上呈现为一幕引人入胜的景象。近代自然科学的和启蒙运动的成功直到进化论和实证主义的胜利，都可以看作一曲笛卡尔路线的凯歌。它也可以理所当然地称之为近代化的古典思维模式。要到19世纪末叶这种思维模式才开始受到正面的冲击——既在科学上（自然科学和社会科学），也在艺术上和哲学上。这是一种反上述近代古典传统的思维方式，为了方便起见也可以称之为现代化的思潮。我们只需看一下现代绘画和古典绘画的区别，或听一下现代音乐和古典音乐的区别，就会憬然于两者之间的反差之大。这一反差不仅表现在形象思维上，而尤其表现在理性思维上。这个现代化的热潮是力图在近代的古典思维方式之外，另辟蹊径。近代化的思潮在其反对中世纪信仰主义思潮的斗争中，曾立下了伟大的功绩。但是它自己一旦占有统治地位以后，也同样地不能容忍任何不同意它那理性思维路线的垄断地位的意见。理性和科学当然是近代文明所必不可少的，是应该极端受到珍视的。但是正当的理性和科学，也必须承认非理性和非科学的因素在人类历史中的地位和作用。非理性和非科学并不是指反理性和反科学，而是指理性的科学领域之外的东西，因为理性和科学并不能包揽、包办或囊括历史和人生的全部。非理性和非科学的各种成分，同样也参与了历史的演出和人生的活动。

无论如何，在承认近代的古典思想对人类文明史所做出的史无前例的贡献的同时，我们也必须承认它也有它自己的局限：它那局限性就在于它并没有能认识自己的局限。结果是中世纪圣徒们的信仰崇拜到了近代就变成了理性崇拜，它在法国大革命时期甚至于法典化和仪式化成了罗伯斯比尔对"理性"神的宗教崇拜。对科学的宗教崇拜其本身就是反科学的；或者说理性崇拜或科学崇拜的本身，就是反理性和反科学的。因而这一现代化的思潮，在一定意义上正是对近代化的古典思潮的一种反弹或反拨。

我们在考察近代化的思潮时，也不妨预料：未来的现代化思潮如果想要取得健全的发展，它将不会是简单地全盘否定理性与科学和一切近代化的思维方式，而是趋于更高一级的综合，把理性的思维和非理性的（但不是反理性的）思维双方更完美地结合在一起，而无片面化的偏颇之弊。

七

正由于中国传统的文化几千年来一直处于世界领先地位，所以自然而然地养成了她自高自大睥睨群伦的心态；到了近代一旦面临"两千年未有之变局"——遇到了不仅在武力上而且在文化上高于自己的对手时——她的心态就怎么也无法调整到位了。从某一个角度而言，一个半世纪以来中国历史的症结也可以归结到一点，即怎样设法摆正她自己对外（主要是对西方）关系的位置，不仅在政治上而且在文化上。摸索到这样一个正确的位置并不是件容易的事，往往总是从一个极端跳到另一个极端，她的100多年的历史就表现为一部在两极之间摇摆的历史，在仇洋排外和崇洋媚外、自高自大和自卑自贱两极之间的反复摇摆。从某种意义上说，中国近代史与近代化史的问题就出在这里，即总是摆不好自己的位置。到了现在，中西思想文化正面的交流和冲撞又面临一个新的阶段，要再回到闭关自守的老路上去，看来是不可能了。是不是我们在心态上也应该更加成熟而不再在片面化和极端化的误区之中摸索了呢？

从近代中西思想文化接触的一开始，中国方面就陷入了一个形而上学的思想误区而不能自拔，即给学术思想划定了一条截然不可逾越的分界线，认定了有所谓中学、西学之分。应该承认学术与思想可以有高下之分、优劣之分、正确与错误之分，但在本质上并无所谓中西之分。假如说有所谓的中学、西学，那只能是指某种学术或思想是在某个特定的时间、地点和历史条件之下形成的，而在任何意义上都绝不意味着它在本质上是属于某一个民族的文化所独有的。几何学是希腊人的创造，代数学是阿拉伯人的贡献，但是我们没有任何理由说几何学是"希学"或代数学是"阿学"。明末徐光启学习利玛窦所传入的几何学，并没有遇到什么不可克服的困难，从此几何学就加入了"中学"行列。直到今天，所有的中国中学生都在学几何学,而且学得很好。船坚炮利、声光化电之学,固然最早出现于近代西方,但是并没有理由说它们是西学,因为别的民族也完全可以赶上并且超过他们。近代经济学诞生于英国,但不能说它是"英学"。近代人权理论鼎盛于法国,但不能说它就是"法学"。仁义道德和三纲五常也并不就是"中学"。德国古典哲学家们也大谈特谈仁义道德,而西方中世纪的学者们也在大肆弘扬君权神授的理论并且在生活中推行男尊女卑的实践。即使是当今的思想也不例外。法西斯主义源于意大利,但是随后德国的纳粹主义也被认为是法西斯,而中国的蒋介石政权也被认为是法西斯专政,可见法西斯主义也并非就是"意学"或"西学"。由于从一种错误的形而上学观念出发,好像中学、西学双方本质上是不可变更的实体,其间有一道不可逾越的鸿沟,双方之间就像是吉卜林(R.Kipling)诗句所说的:"东方是东方,西方是西方,它们永远也不会会合。"从这样一个毫无根据的前提出发,就引向了形形色色纠缠不清的思想死结。只要我们抛弃这一荒诞的前提假设,许多毫无意义的争论都可以迎刃而解。

各个民族的思想是否有其先天的或本质上的差异?这个问题似尚有待探讨。不过,它们之间有时代性的——大抵上亦即传统的和近代化的——差异,则是明显的事实。传统社会是一个集体主义的时代，近代社会则是个人主义的时代。由传统走入近代，就是所谓的"从身份到契约"，在思想体系上则是走出集体主义而步入高扬个人价值的时代。近代所谓的"天赋人权"，如经典性的文献中所标榜的生命权、自由权和追求幸福之权等，所指的都是个人的权利，这种权利被认为是天赋的、神圣不可侵犯的、不可剥夺的和不可转让的。而在集体主义的思想体系中则个人首先是从属于集体的，个人的一切首先必须奉献给集体就成为一种天赋的义务。在中世纪，一切都富有（或者被赋予了）神圣性，从中世纪走入近代也就是由神圣走入世俗。然则历史由近代步入现代，是否意味着又得回到集体主义去呢？索罗金（Sorokin）的历史哲学就认为历史的旅程又将从世俗性的个人主义回归到神圣性的集体主义，他的术语叫作从感性的（Sensate）文化再回到理念的（Ideational）文化。这很可能只是他个人对近代文明失望之余的一种揣测或向往。然而如果我们面对当今历史时代禅递之际的大变革，而仍然回过头去采取一百多年前我们先人那场中西之分与体用之争的大辩论的立场，那就未免显得有点幼稚，甚至于滑稽可笑了。今人的身体不宜再穿着古人的服装，今人的思想也不宜再穿着古人的服装。当时所谓的中学和西学尽管有其颇为明确具体的内涵，但那不过是时代不同的产物而非中西不同的产物；更何况时至今日那些具体的内涵早已不复存在了。我们应该不再在所谓中西体用这类的假设问题上面继续纠缠不清。

一个民族的历史毕竟是一个统一的整体。千百年所形成的生活习惯、价值观念和思想方式，比起近代以来日新月异的科学技术和物质生活的进步，总不免是一种消极的、滞后的因素，总不免有赶不上时代步伐之苦。所以相对于传统社会而言，近代思想所面临的最迫切的问题之一就是如何弥缝飞速的物质进步和人文价值牛步迟迟二者之间日益加大的差距。传统社会进步的节奏是缓慢的，与之相应而形成的种种思想意识也是相对稳定的。假如近代历史不能解决这个日益加大的差距，那么近代化的文明就有陷于自我冲突和毁灭的危险。近代化必须要能做到使上层建筑和物质基础二者之间大致保持同步，否则它就会在亲手所建造的迷宫里迷失自己正确的道路。思想史的研究自然无力只手担当如此之重大的一项任务，但是它可能有助于丰富我们的知识和智慧。如果我们能从世界历史的角度来看，那么所谓中学西学的体用之争，倒不如说是传统与近代化自身内在的矛盾之争。

思想和现实构成一个整体，这就是所谓的历史及其内涵。思想是历史的产物，但是它一旦形成之后就不但宣告自己的独立，而且还参与创造历史并成为历史的一部分，所以它不仅是消极地、被动地单纯反映现实而已，而是积极参与着创造现实。它一旦脱离母体，就获得了自己独立的生命，也就在某种程度上遵循着思想自身的逻辑线索在发展。甚而思想家的个性、风格、气质和情操也必然影响到思想的构成。所以我们也应该从多方面或者说全方位地对思想史进行考察。既然思想也参与历史的演出，而历史又总是不断在发展和变化，故而思想在不同的时刻所起的作用也不相同。随之而来的结论就是：我们对前人思想的理解和评价也并非一成不变，而是要根据后世的或当前的尺度或坐标来为古人及其思想定位。我们是根据自己今天的认识和理解来观察和评判过去的。不这样也是不可能的。

但是以今衡古也遇到一个理论上的难点。历史学并不是一门实证的科学，你无法进行可控的实验来证实它或者否证它。眼前就有一个现成的例子。东亚国家大多具有悠久的儒教文化传统，近年来东亚地区经济起飞，于是号称新儒家或现代儒家的人们就论证：是儒家思想促进了这些地区的现代化。但是，是不是同样也可反过来论证：正是由于长期受儒家思想的影响，所以它们迟迟未能大踏步迈上近代化和现代化的大道；而又正是由于到了现代，儒家的统治衰落了，东亚的经济才得以腾飞。双方的不同论断大概是无法由辩论来解决的。过去的思想的影响也是在不断变化着的，并非是一旦如此就永远如此。我们的思想日新又新，我们对过去的理解也日新又新，所以历史学就在永远不断地改写过去的历史。今人可能视古人为荒唐，古人从他们的前提出发，也同样可能视今人为荒唐。今人以为无限地忠君孝亲是愚忠愚孝，古人则可以认为无父无君是禽兽也，真是罪该万死。许多类似的论断和道德信念，彼此相异或相反，看来并没有一个共同的基础标尺。它们可以各自有其不可动摇的而又无须或无法验证的前提假设。有一个谚语说："趣味无争辩。"事实上信念也是无争辩的。于是剩下来的就只有一种纯形式的共同尺度，那就是一种思想理论越是能容纳可能之多的不同思想内涵就越值得尊敬。现代化的思想如其能够健康地发展的话，就必须一方面尽最大可能吸取已往各种思想的智慧，另一方面又在此基础上不断地开拓创新。没有继承就不可能有进一步的创新；同样，没有创新，思想文化就会停滞僵化而丧失其生命力。新的总是从旧的里面产生的，但又不仅是原有的、旧的之简单的重复。思想文化永远是全人类的共业——尽管其中每个人或每个民族的贡献或大或小、或多或少、或直接或间接。

就物质层次的历史而言,事物的发展有其必然的规律;但就人文层次的历史而言,则其发展并没有物质事物发展那种意义上的必然规律——否则历史就不是人的创造而是上帝或大自然所预先规定的了。现代化的历史学正在要求人们放弃前一个时期近代化史学思想所要求人们的对所谓历史规律也像对自然科学规律那样的无限崇拜和无限信仰。如果我们能破除近代以来这一根深蒂固的迷信,也许我们就能更好地审视并解答我们当前所考察的问题。有时候,人生之模仿艺术远过于艺术之模仿人生,如果我们把思想史也看成一门艺术,那么或许也有时候是人生之模仿思想史远过于思想史之反映人生。以历史上的英雄人物作为自己的人生理想,是常见的事。一个人的思想更多的也许只是模仿前人的思想更甚于创造自己的思想。因此,过去的历史就并非是死去的化石而是今天仍然溶化在我们的血液里,落实在我们的行动中。现在是从过去之中成长出来的,过去就活在现在之中。没有过去的思想,也就没有今天的思想。

在近代化的行程上,是西方思想曾经领了先,这对于中国思想的发展既是一个挑战,也是一个机遇。问题全在于我们怎样善于吸收和利用一切前人的成果,在近代化和现代化的进程中开创自己思想上的新局面。

原载《史学理论研究》1998 年第 1 期

对历史学的反思
——读朱本源《历史理论与方法论发凡》

◇ 对于一切学术思想来说，科学性都是必要条件，然而它却并非就是充分条件。19世纪末以来的自然科学革命，当然也影响了社会科学与人文学科，于是人们重新考察历史学是不是科学，以及它在哪种意义上和在哪种程度上是或者不是。

◇ 历史学家所追求的不应该仅仅是考订史实，还须解答史实背后的人文动机。

◇ 历史学家的工作就非常之有似于艺术家或诗人或小说家的工作，他必须灵心善感，能够体会到前人精神的深处并把它表现出来。

◇ 历史学的结论不宜停留在抽象的概念上，而需深入到具体的个性之中。简单地把科学性等同于某种普遍的公式是说不通的，也是行不通的。

◇ 人类的思想有其共同之点，也有其相异之点。两者同时并存正是人类精神得以不断进化的原因。没有共同之点，就会陷入无序的混乱，就不可能有进步。而没有相异之点，就只会是思想专制、定于一尊，从而就没有进步的可能。人类文明的进步归根结底有赖于人类有共同的、普遍的人道标准，这是不分种族、国家、时代、阶级以及种种其他条件的局限的。

◇ 思想的进步、科学的进步、人权的进步、价值观的进步，都应该是普遍性的，是属于全人类的。人文精神的觉醒，并非某个特殊人群的专利品。

19世纪是实证主义思潮弥漫的时期，它几乎笼罩了一切学术思想领域。风气之所及，乃至一切社会科学和人文学术都力图自命为科学，尤其是奉牛顿的经典体系和达尔文的进化论为其圭臬。恩格斯在马克思墓前的演说，把马克思发现了人类历史的发展的规律比作达尔文发现了有机界的发展规律，就是一个显著的例子。及至20世纪中国五四运动的一辈学人（如胡适）在批评别人的学术论著时，也每好拈出其缺点是不懂得进化原理。在这种时代风尚的影响之下，历史学就顺理成章地也要走上科学（自然科学意义上的科学）规范的道路。于是科学一词就成了如此之理所当然的一句口头禅，以至于人们习焉而不察，竟然忘记了科学也有它自己的有效性范围。对于一切学术思想来说，科学性都是必要条件，然而它却并非就是充分条件。19世纪末以来的自然科学革命，当然也影响了社会科学与人文学科，于是人们重新考察历史学是不是科学，以及它在哪种意义上和在哪种程度上是或者不是。

对历史学本身的性质重新进行批判性的考察，即所谓史学理论，始自1874年布莱德雷（F.H.Bradley）的《批判历史学的原理》一书，到了20世纪便蔚然成为显学。历史学本来是一门古老的学术，但古老也就难免意味着老化、过时或落伍。于是我们就看到大多数实践的历史学家至今仍然固守着传统的旧家法，不先考虑自己立论的根据，就从史料之中径直得出了自己先入为主的结论。这就给他们造成了一种尴尬的局面。他们以为是在让事实说话，但事实只是事实，它本身是不会说话的。说话的乃是掌握着所谓史实的人，即历史学家。而历史学家并不等于史实本身，而只是对所谓的史实的阐述者。号称是历史学家的人们并不事先考虑历史学的性质是什么，就一头径直钻入历史研究，便很可能钻之愈深则失之愈远。一个历史学家是怎么看待历史学的，也就决定了他是怎么研究历史的。正是由于缺少了这一道自我批判的工序，实践的历史学家的末流就走入了实用主义，即随心所欲地引上几条史料，于是就可以得出结论说：这就证明了他所预先设定的某种论点。

历史学研究的对象是人文世界的历史，所以历史学家所追求的不应该仅仅是考订史实，还须解答史实背后的人文动机。故而他不能停留在物质史的表层上，还需深入到人文精神的深处。都是由于有了精神活动，人类才有了文明史或文化史或人文生活史。历史学所研究的，乃是从外在的史实考订深入到他们的内心深处，即他们的精神活动以及人文动机。否则，所谓历史学就无非是一堆档案资料的堆积，而谈不到对历史的理解。然而要深入探索心灵活动的深处，又谈何容易。白居易诗"惟有人心相对间，咫尺之情不能料"。咫尺之情尚且不能料，更何况是千百年以上古人的心灵。就这一点而言，历史学家的工作就非常之有似于艺术家或诗人或小说家的工作，他必须灵心善感，能够体会到前人精神的深处并把它表现出来。不过艺术家、诗人、小说家所表现的乃是自己的精神，而历史学家所要表现的则是前人的，这里面就多了一层如何理解前人精神的问题。

"糟粕所存非粹美，丹青难写是精神。"历史学家所要探索的正是前人的"精神"。这一点不仅是作为人文学科的历史学之有异于自然科学之所在，也是它有异于社会科学之所在。社会科学所探讨的乃是人们的社会现象而不是人们的精神创造。例如，粮食不足到什么程度，就可以危及人们的生存？社会学家可以研究粮食产量的变化与人口数量变化之间的相关度。但其研究的对象乃是社会群体的物质规律，而不是具体的某个人或某些人的精神生活。然而毕竟具体的人或人们才是历史的主体，因而也就是历史学所要研究的客体。研究具体的或真实存在的人或人们，才是历史学的任务；而社会学家所处理的则是普遍的被抽象化了的社会人。

历史人物的人文面貌经过历史学家的重塑，就不可能是其本来精神面貌的原状了，而只能是历史学家的再创造（或者说重建）。在这种意义上，也可以说根本就无所谓"还历史以其本来的面貌"。我们所知道的历史只可能是经过历史学家转手重塑的历史，而不可能直接就是所谓历史的本来面貌。所谓历史的意义，只能是读者通过历史学家的再创造所赋予它的那种意义。那种意义又通过读者自己的思想理解折射出来而成为读者自己所体会或者说所赋予它的意义。此外，无所谓历史的本来面貌。它更是一件艺术品，每个人各有其自己的创造和理解。这样说来，历史岂非纯属主观的创造，而并无客观的真实可言了？却又不然。毕竟事实总是客观的存在，而且人们的理性思维总有其共同的准则，否则的话人类的社会就不可能存在了。人类社会具有两重性：共性和个性。历史也具有两重性：必然与自由。历史学也具有两重性：一致与分歧。历史事实是客观存在，经过历史学家创造性的塑造而成为历史著作，又经过不同读者的不同感受和解读，于是就成为人们的历史认识。

把历史学认同为科学的人，只着眼于其中必然性的那一面，而无视于其中偶然性的那一面，即毕竟它是自由人所创造的自由事业，否则就无所谓历史是人所创造的了。历史的两重性就在于它是必然（客观规律）与自由（主观创造）二者的合力。也可以说，历史所扫描出来的那条曲线，是由必然与自由两项因子相互作用所共同决定的。由于这两项因子是相因的，所以无所谓哪一项在其中起主要的或决定性的作用，二者是同样地不可或缺而又相因地在起作用。历史之所以具有两重性，正源于人自身的两重性。人是自然人，但又是自由人。作为自然人，他要受自然界的必然律所支配；进入文明社会，他又受社会律所支配；但作为自由的人，他就以自己的人文成分而自由地进行创造或抉择。所谓人是历史的主人，乃是在人是自由的主体这种意义上而言的。但作为自然界的一个成员，他同时又是完全受着自然界的必然性所支配的。由于人的这种两重性，他的历史也就具有两重性。文明史乃是人的创造，其他一切物种都只有其自然史，而没有它们的文明史。但人所自由创造的文明，乃是在服从而不是在违反自然界的必然律的前提条件之下进行的。自然界中的其他物种并没有两重性，所以也没有它们的文明史。唯有人类的历史才具有两重性。因此，历史学便也具有其两重性，即它也具有必然（科学）与自由（人文）的两重性。所谓创造乃是一桩自由的事业，是人为的，而不是自然界的必然。贝多芬的《命运交响曲》并不是自然界中的必然，而是艺术家的自由的创造。人形成群体的社会，也有如其他群体物种一样要服从自然界的群体规律。但是作为个人而言，则又有其自觉而主动的自由，这是不同于其他群体物种之所在。社会科学所追溯的乃是群体运动的轨迹，而历史学研究的对象则更是深入到具体的每个人内心的自由活动（他或他们的理论、思想、感情、欲望，等等）。社会科学的对象是抽象化了的人的群体。历史学的对象则是组成群体的个体，是具体的人。"人乃是风格"（L'homme est le style），而不是抽象的统计数字。它的具体内涵乃是具体的人的全部思想与活动，那不是"民族性""时代性""阶级性""宗派性"或任何普遍的"性"所能概括得了的。

还应该特别注意的是，所谓客观性并不等于真实性。史家追求的是真实性而不是客观性。某些在表面上看来似乎可以归之为"客观性"的东西，并不等于真实性。日常生活中的现成例子：雨后的天空往往出现彩虹。彩虹是人所共见、有目共睹的。然而它并不是客观存在。千百年来为人们所共同相信的许多历史故事，很大一部分并不是真实。简单地把科学性等同于某种普遍的认同，乃是人们认识上的一种偏见。荆轲刺秦王，究竟是爱国义士的正义行动，还是亡命之徒的恐怖活动？布鲁图刺死恺撒，究竟是爱国者在保卫共和，还是野心家的忘恩负义？这里面涉及的问题，不是简单的客观性所能解决的。简单地把科学性等同于某种普遍性，至少是不适用于人文学科（包括历史学在内）的。历史学的结论不宜停留在抽象的概念上，而需深入到具体的个性之中。简单地把科学性等同于某种普遍的公式是说不通的，也是行不通的。社会学可以研究抽象的人，像是亚当·斯密那样，假设人人在自由市场上都在最大限度地追求自己的利润。亚当·斯密是伦理学家，但他在经济学研究中可以假设一个单纯追逐最大利润的抽象的人。假如历史学研究所采取的也是从这种抽象的思路出发，而不去研究各式各样有血有肉的具体的活人之各种复杂多样的具体表现，那么其所能达到的结论便无非是又回到了那种古老的思维模式的理论框架上。

人类的思想有其共同之点，也有其相异之点。两者同时并存正是人类精神得以不断进化的原因。没有共同之点，就会陷入无序的混乱，就不可能有进步。而没有相异之点，就只会是思想专制、定于一尊，从而就没有进步的可能。人类文明的进步归根结底有赖于人类有共同的、普遍的人道标准，这是不分种族、国家、时代、阶级以及种种其他条件的局限的。历史上，古代处死刑可以分尸、车裂、凌迟、腰斩、斧砍。18世纪法国的一位慈善家居勒坦（Guillotin，1738—1814）发明了断头台，这在当时是一项人道的进步，到了现代则是枪决、电椅、麻醉针直至废除死刑。今天，任何形式的酷刑都被认为是反人道的了。这种进步应该认为是普遍的价值，即对人的生命的尊重。思想的进步、科学的进步、人权的进步、价值观的进步，都应该是普遍性的，是属于全人类的。人文精神的觉醒，并非某个特殊人群的专利品。

历史首先是人文史，是人文动机自觉活动的历史，它并不完全服从于外在的自然律的支配。政治、经济、社会，等等，当然也是人文活动，但却不能反过来说人文活动就是政治、经济、社会等活动的总和而已。其间最为重要的因素乃是它背后的人文精神，亦即德国史学家所称的 Zeitgeist（时代精神）。故而无论旧时代之把历史学等同于政治史，或新时代之把它等同于社会经济史都不免有其片面性。而片面地把握历史，就不免流于某种形式的先天的机械论，即认为历史的行程先天地就注定了是非如此不可的，而没有其他的可能。历史一方面固然也要服从自然界的必然规律（不以人的意志为转移），但同时它又是人文动机（人的思想、意志和感情）作用的结果。故而历史具有两重性，它是二者交互作用的结果。不承认历史的两重性（必然与自由），就不免流于某种先天论，即认为历史是非如此不可的。

历史学研究的对象是具体的人，而不是（有如社会科学那样）某一类抽象的人；所以历史学不只研究某一类人的共性，尚需研究他们的个性。人之相知，贵相知心。研究历史而不深入人心，便只能得到表层的描述，而不能深入人们内心的深处。史料再丰富也只是建筑材料，史家的工作乃是如何运用这些材料建起一座美轮美奂的大厦。简单地把历史学等同于科学（如柏里所声称的：历史学是科学，不多也不少），未免过于天真而有悖于事实。事实是：历史事件乃是被创造历史的人们的人文动机所驱动的。历史学家本人的思想和价值观也会不可避免地左右他的看法，更不用说读者也是根据自己的思想和价值观在观看历史学家的著作从而理解历史的。人们的思想和认识既受到客观条件的制约，同时又是自己个性化作用的主观产物，因此我们就不能把它径直等同于客观事实的真实反映。否则的话，一切历史事件便都是必然，而人们一切的价值判断便毫无意义可言了。

某些价值判断应该认为是人类所共同的，另有某些则富有不同时代、社会以及集团的和个人的特色。历史学是它们交相作用的产物。人们思想的成分是复杂的，绝非仅仅是某些客观存在的简单反映而已。生活在同样条件之下的人们，在思想上、认识上却会大异其趣。这里在起作用的就不是客观存在的简单反映，而是主观的思想创造。在历史学中，除了反映客观存在的科学之外，还有史家的主观创造性在起作用。思想因素的作用，不能简单地等同于某种客观存在的反映。这里就是人文与科学双方界限划分之所在。科学研究的重要性，无待多说。然而仅有科学并不能充分解说人文动机和人文精神。古人的思想和精神可以光耀千秋，直到今天还会令我们感动不已，而他们当时的客观条件却早已消失得无影无踪。这表明了思想因素并不能简单地等同于客观条件的反映。而历史的精华则全在于其中人文精神的高扬。而这却不是科学的任务——无论是自然科学的还是社会科学的。人文精神不能简单地认同为或者还原为物质的或社会的某种必然之物。而历史研究的要害，则恰在于对人文精神的探究。

同时，有的历史学家又走向另一个极端，乃至根本就不承认有所谓客观的史实，而以为一切所谓的史实都不外是人们心目中的虚构而已。按照这一极端的观点，史家所写的历史便是史家心灵中的虚构。我们根据史家的记述在自己心灵中所构造出来的形象，又只是我们自己根据史家的虚构所塑造出来的自己的虚构。因此，所谓的历史，不外是双重的虚构，此外别无所谓客观的真实。与这种见解相反的反映论者虽认为，只要有一定充分的史料，就足以论断如此这般的史实。但他们所谓的史实只不过是自己心目中所认为的史实，因为史家无法取代古人的思想感情、愿望和行动。故而所谓的史实，无不打上史家个人的烙印，因此就无所谓纯客观的真实。故而史家的表述就不可能完全符合过去的情境。

如何能了解并传达前人精神的深处，正是历史研究的难点之所在。历史所扫描的那条轨迹，永远是游走于必然与自由之间。它永远是两个变量的函数。所以不可能认为其中某一个就是决定性的。两者是相因的，或互为制约的。它受到必然因素的制约，所以它就是不以人的意志为转移的；但同时它又是自由人创造的自由事业，所以它就是人的意志的产物。人既是历史的奴仆，又是历史的主人。假如它全然不以人的意志为转移，那么人们又何必要下定决心、不怕牺牲、排除万难去争取胜利？这是历史的两重性之所在。客观的自然世界亘古以来亿万斯年只此同一个，可是人们对它的认识却日新月异,绝不是永世不变的。自然世界虽然仍只此同一个,却还有各式各样不同的理解,更何况是对于日新月异千变万化的人间历史!历史学家如何能写出理应是包罗万象的历史,而又使之呈现为一曲五音齐奏、和而不同的交响乐,有如一个管弦乐队的指挥那样?所谓历史乃是一曲宏伟的交响乐,绝不是单凭所谓的"史实"就可以说明一切的。史实本身不会说话。论断并不是史实本身说出来的,而是史家的思想所做出的判断。另外,就读者而言,我们读小说,每个人可以有自己的感受;我们读历史书亦然。我们对历史的知识和认识是通过史家的炮制,又通过我们自己思想的折射而形成的。史料不等于史实。实证主义者认为只要有了史料就足以确定史实,这实在是一种过分天真而毫无根据的信条。史料本身是由史家在进行解说而传递给读者后,又经过了读者本人的思想折射。我们对自然世界的感受因人而异,我们对人文世界历史的感受也因人而异。我们可以有相同的感受,也可以有不同的感受。我们的历史知识并不是由所谓的客观事实直接给定的,而是通过我们的思想认识和我们的意识折射出来的。只有我们大体上有一致的思想和意识,才可能有大抵一致的历史知识。我们的历史知识永远不可能是全面的而又纯客观的。根据同样的"史实",人们可以得出不同的结论。犹如用同样的材料，建筑师可以建造出不同的建筑物。材料本身不会自动形成一座大厦，史实本身也不能自行解说其自身而构成历史。面对一大堆史料，史家总需有一套规范的标准，否则就无从着手。而一旦有了一套规范的标准，史家就只能把所谓的史实置诸这个规范的标准之下进行评判，也就是把历史置诸一个一定的坐标之上。而这个坐标却不是史实本身所自行给定的，而是史家本人所预先设定的。如果说历史是人创造的，它就不是必然的；如果它是必然的，就谈不到人的创造了。以往的历史著作，其目的往往是资治或垂范，其作用都是要以范例来证实它所预设的前提，所以都不免是一种说教。而这一点恰好是反科学的，因为科学是不容许先有结论的。只有《圣经》才能对某个历史事件这样说："这就应了经上的话"云云。《圣经》是先验的真理，而经验中的事实，乃是它那真理的见证。然而科学却是不容许预设先验的真理的。史家的任务也不应该只是为先验的真理寻找例证。

对于客观世界的知识，应该有可能被总结为一套概念的逻辑结构，这甚至是一切科学的归宿。但历史学的特点似乎使它不大可能达到这样一种要求，尽管有人是努力这样做的。这是因为：1. 往事不可能直接成为观察与实验的对象，故而不可能通过获得重复的经验而演绎出一套概念,从而获得通常"科学"意义上的概念知识。2.它对过去的知识只能是通过转手的间接方式而获得,然后只能是通过主观的经验进行再加工。因此它的表述或传达方式也就不同于一般的科学知识。它不是通过概念来传达的,而是通过个人的灵心善感而为人所体会的。它之所以不同于一般意义上的科学就在于其中包括主观的感受或体验的成分。就此而言,它就是艺术而不是科学。艺术诉之于主观的感受或体验,科学则诉之于对所有的人都一视同仁的那些概念。故此它们的表达或传达的方式也就不同于通常意义上的科学的方式。一般意义上的科学知识往往可以归结为一个或一套数学公式,它对一切读者所传达的是同样的意义。然而史学研究的对象是人,是具体的、真实存在的人,不是抽象的人的概念,对人的理解是要有赖于史家的以及他的读者们的灵心善感的体会的。那就更是艺术而不是科学了。读者对于同样的人和事,可以有而且必然有各不相同的印象,那是很难用一个对所有的人都一视同仁的公式或概念来表示的。对于珠穆朗玛峰的高度、风速、温度,等等,大家可以有共同的认识。对秦始皇的人品、作风和评价,人们大概不可能具有共同一致的看法和认识。这就要取决于史家和读者的感受,而非取决于秦始皇本人了。较之自然科学,或许历史学有着更多的思想自由创造的成分，也就是有着更多的艺术创作的成分（虽说也有人认为科学和艺术一样，也是人文精神的一种自由创作）。在这种意义上，也不妨说每个史家都是一个印象派的画家，他的工作无非是把他对客观世界的印象（例如彩虹）表现出来。此外，并无所谓脱离他的主观印象之外的"真实"。所谓史实，也可以说只不过是数据，而使数据具有所谓的"意义"，就全有恃于史家如何理解和表现它们；或者也可以说这就是历史学家的技艺。

以上是我读毕朱本源先生《历史理论与方法论发凡》一书之后的一些联想或者说体会吧。拉杂写出，以就教于作者和读者。老友朱本源教授以耄耋之年竟能穷十载之力完成自己晚年的此一压卷大作，而我则有幸成为本书的第一个读者。我于拜读了全书之后不禁喟然叹道：这正是多年来我所期待于我国史学界的第一部完整的、全面的有关史学理论的著作。历史学如果不经历这样一番理论上的自我批判，就盲目地一头栽入所谓的历史研究，就会陷入盲目的泥淖而永远不可能达到一种自觉与自律的高度。但是要能真正正确认识自己所从事的工作的性质，又谈何容易。理论的历史学家一贯习于先验之论，所谓研究只不过是为他那先验的理论框架填补例证而已；而实证的历史学家则一味浸沉于考据之中，往往言不及义，完全昧然于历史的精神。

作者朱本源先生于20世纪40年代之初，毕业于中央大学后，即师从前辈权威的哲学学者陈康先生研究古希腊哲学，随后又在美国哥伦比亚大学深造。新中国成立后归国，分配在西北大学（今陕西师大）任世界古代史教授。先生早岁即服膺马克思主义，于马克思主义经典历历如数家珍，每每信手拈来均成妙谛，同时又潜心于古今中西之历史哲学与史学理论的研究。及至晚岁乃能荟萃精力于本书。我于拜读之后，深感一个学人为学之不易，乃至穷毕生之精力始能达到一种比较成熟的定论。至于本书之体大思精，旁征博引，于中国古代、西方现代以及苏联的有关著作均有精辟的论断。其体例与阐述之允当是值得每一个读者仔细咀嚼的。本书并不采取简单机械的、非此即彼的两分法思路，而能实事求是地评论各家的得失，允宜成其为一种真正的学术规范。

先生与我缔交已逾半个世纪。多年来屡承先生启示我为学之道与应世之途，使我受惠良多，而及至暮年复有幸拜读先生晚年的压卷之作。我于深受启发之余，不仅深感知人论世之为难也，"文章千古事，得失寸心知"。盖非毕生历尽坎坷的心路历程，不仅不知著者著作之难，亦不知其高。看来人生的体验对史家乃是必不可少的一环，尽管它对于科学来说并不是必要的条件。今谨遵先生所嘱，聊志个人的片段感受如上，以就教于先生与读者。

今年正值先生九秩高寿，谨书此小文祝仁者寿。

原载《史学理论研究》2006年第4期
《历史学》2007年第1期转载

历史学中的重要一章

◇ 中国科学和科学思想走的是与西方不同的另一条道路,它并没有出现过像西方那样的一场科学革命和科学思想的革命。但这绝不意味着我们的历史学家就不应该努力从中总结出一套自己的、独特的、与西方不同的理论来。

◇ 科学思想史及其在思想中的地位和作用,还是一个富矿,尚有待治思想史的学者们去勘探、发挖、开采。

就我所见,李约瑟书第二卷,是第一部论述中国科学思想史的专著,而中国人自己的专著反付阙如。最近则有幸读到董英哲著《中国科学思想史》,全书共四十余万字,论列了从先秦直至清初的中国科学思想,从而填补了我国历史研究中一项重大的空白。从此,我们也有了中国人自己撰写的中国科学思想史了;而且从此,科学思想就正式被提到了思想史的议程上来,开始在它所应有的席位上就座。这实在是值得欣慰的事。我想任何一个时代，人们的世界观都取决于如下三个条件的制约，即1.人对自然界的关系，即天人之际（科学、宗教）；2.人对人的关系，即人际关系（政治、伦理）；3.人对自我的关系，即内心生活（心灵、个性）。过去讲中国思想史的，大抵眼中只有第二个方面，几乎绝口不谈第一个方面对人们世界观形成的作用。科学思想史的研究，正是弥补思想史研究中这第一方面的缺陷。然而研究科学思想史的人，由于偏爱从科学哲学的角度入手来观察历史的缘故，故而每每不免有凿空立论的毛病。董君此书总是从实处落笔，先谈科学与科学思想本身的进展，再发而为议论并做出自己的评价，使读者感到立论之平实而有据，欣幸自己读后之有收获，不像是某些思想史著作那样常常不免于空洞乃至浅薄，使人有不堪卒读之叹。

作为一个读者，在充分肯定这部开拓性的著作的艰巨之余，却仍然感到有所不能满足而几近苛求的是：1.它和历史整体（政治的、经济的、社会的、文化的）的联系不够密切，这一点或许是一般专史所难以避免的；专史每多从技术性的角度着眼，而不是首先从历史整体着眼。通史则每每忽略技术性的因素的作用。这正是通史和专史双方的研究者需要互相补充的地方。2.它只写到清初为止，而有清一代极为丰富的科学思想内容（我以为它是远近前代的）遂付之阙如。今天论清代学术的，有一种流行的看法，认为清代汉学即考据。这种看法，我以为是片面的。实际上，清代学术思想包括两个主要方面，一是训诂考据，一是天算。大概现代的历史学家们率多不研究天算，遂以清学等同于考据学。这实在是一种严重的误解。戴震、焦循、阮元都是当时的数学大师；尤其是焦循沿着一条具有中国特色的思路而建立了一个数理模型的哲学体系，其理论价值与地位足以和笛卡尔相媲美，两人代表中西两大不同的科学思维体系。可惜清代大师们思想贡献的理论价值，至今似乎尚未得到思想史研究者的认同、重视和应有的评价。无论如何，科学思想史及其在思想中的地位和作用，还是一个富矿，尚有待治思想史的学者们去勘探、发掘、开采。

自从本世纪（20世纪）初 G. Sarton 的工作之后，科学史研究在西方已蔚为显学。第二次世界大战后历史学家 Herbert Butterfield 的《近代科学的起源》（1957年）和科学哲学家 Thomas Kuhn 的《科学革命的结构》（1962年）两书，分别从历史和科学思想的角度各自提出了一套颇为成熟的理论，都曾经轰动一时而名重当世，但他们都是以近代西方科学革命的一幕作为其立足点的——尽管这场革命的影响已经是世界性的，并不仅限于西方。以中西历史对比，那么中国科学和科学思想走的是与西方不同的另一条道路，它并没有出现过像西方那样的一场科学革命和科学思想的革命。但这绝不意味着我们的历史学家就不应该努力从中总结出一套自己的、独特的、与西方不同的理论来。希望今后我国史学界能把精神更少一点地放在辗转抄袭、人云亦云的空头说教上，更多一点地放在实实在在的深层历史研究上，从而把我国的历史学提高到一个崭新的、更高的理论层次。

原载《读书》1993年第11期

历史哲学与历史学哲学

◇ 人们不但想要知道历史都是些什么事或都有些什么事，而且想要理解这些历史事件的所以然，或者说要懂得这些事情何以会发生，仅仅知道了历史事实，并不等于就理解了历史。

◇ 就中国古代的历史哲学而论，古代儒家向往着三代以上的圣人之治；古代道家向往着返璞归真，要求返于太古的自然状态，这些都反映了他们的历史观或历史哲学。

一

历史哲学无论在中国还是在西方，都是渊源已久；因为人们不但想要知道历史都是些什么事或都有些什么事，而且想要理解这些历史事件的所以然，或者说要懂得这些事情何以会发生，仅仅知道了历史事实，并不等于就理解了历史。史实仅仅是历史研究的对象。有关历史事实的资料无论积累得多么丰富,其本身都不能自行成为历史学。历史学乃是史家对史料进行理论加工所炮制出来的成果。这项理论化的思维工作就是通常所谓的历史哲学。这一点和自然科学的情况是一样的,气象台积累了丰富的资料:温度、气压、湿度、风力、雨量,等等,无论这些资料多么丰富——当然,积累丰富的资料对于任何学科来说都是极为重要、不可或缺的——但其本身并不就是气象学,气象学乃是气象学家对于这些资料进行研究而从理论上做出的总结,这种理论总结应该提供可以说明或解释这些现象之所以然的道理。

历史学家的工作归根到底就是要解释历史现象的所以然。否则,那工作就是一个档案保管员的工作,而不是一个历史学家的工作了。这种从理论加以理解的工作,是以我们的世界观、人生观为其哲学前提的,这就成其为历史哲学。

二

历史哲学是要解释历史的所以然,但是历史学家在反思历史哲学之前,首先就应该反思历史学的哲学,即历史学之成其为历史学的所以然。不首先反思历史学的本性，即历史学如何可能成其为历史学，就径直去探讨历史的本质，就不免有陷于盲目的独断论的危险。因此从逻辑上说，研究历史学哲学就应该先行于历史哲学。因此历史学家的工作就不仅是对历史进行理论上的反思，而且首先还需对历史学的本身进行理论上的反思。遗憾的是，这一方面却往往被大多数实践的历史学家所忽略了，不了解历史学的性质以及历史学如何得以成为可能，不对历史学之所以成其为历史学首先进行一番批判的反思（历史学是一种什么样性质的学科以及我们怎样才能认识历史），不经过一番逻辑的洗涤就一头栽入对历史的认证，以为不要形而上就可以讲形而下，结果就必然要受到形而上学的嘲弄。大抵上或许可以说，历史哲学就是历史的形而上学（这里的"形而上学"一词是中性的，不含贬义），而历史学哲学则是历史的知识论。假如我们不首先认识历史学是什么，我们又怎么可能认识历史呢？在这种意义上，历史学哲学就理所当然地是历史哲学的有机组成部分，可以说是它的必要的前提条件或"前导"（Prolegomena），没有这样一番必要的前导，任何未来的科学（广义的科学）的历史学都是不可能的。历史哲学之所以要包括历史学哲学在内，就是因为历史学首先必须通过自我批判而认识它自己。

这里的区分大致上相当于（但并不严格地等同于）流行的思辨的历史哲学与分析的历史哲学之分。凡不能把历史事实总结为理论的（历史哲学），就不是历史学；而凡不能把历史学总结为理论的，就不是真正的史学理论（历史学哲学）。

三

就中国古代的历史哲学而论，古代儒家向往着三代以上的圣人之治；古代道家向往着返璞归真，要求返于太古的自然状态，这些都反映了他们的历史观或历史哲学。战国阴阳家的五德终始之说更提出了一套较完整的历史哲学。他们的"德"的观念虽带有神秘的色彩，但在很大程度上已摆脱了人格神那种意志论的内涵：历史一幕幕的演出乃是自然力（和超自然力）之必然的演替程序。这一体系当然仍是一种循环论，而不是一种进化论。历史进步和进化的明确观念，在人类的历史上也只是近代的事。在传统社会中，人们的生活方式基本上是因袭不变的，不断创新的观念是不可能出现的。历史哲学中的五德终始说，正如自然哲学中的五行说一样，以其客观演替的规律性而取代了超自然的天意论。

这应该看作历史哲学观念的一大进步。历史的演变终究是有规律可循的。然而降及汉儒阴阳怪气的谶纬，又被注入了大量的迷信。其后宋代的元世运会的历史哲学，基本上仍然继承的是周而复始的循环论，对于作为历史的主人的"人"的作用，并未能提出突破性的新理论。一直要到近代的康有为才发挥了公羊家的三统三世的学说，同时却注入了某些近代的新思想因素，即把历史看作一幕进步的历程。不过康有为的理论仍停留在一种猜想或臆测的层次上，缺乏任何科学的论据。

从孔子"作《春秋》而乱臣贼子惧"直到康有为三统三世的大同理想，中国的历史理论走的是一条伦理说教的道路，而始终没有采取一种价值中立态度，所以它始终没有上升到严格意义的历史哲学。这一点自然也制约着中国的历史学哲学。所以中国历史学（不是对历史）的研究也是论述历史学实际操作的技术（如书法）要远远多于历史学哲学（我们如何认识历史）方面的探讨。唐代刘知几的《史通》和清代章学诚的《文史通义》是这个领域里的代表作；然而刘知几对历史学哲学的理论探讨不甚措意，章学诚虽每有非常深刻而敏锐的洞见（如论对历史的理解途径有高明与沉潜之分），但他未能提出一套比较完整的历史学认识论。

湛江师范学院组织一项有关中国历史哲学的笔谈，

也嘱我写一篇随笔。匆促之间拉杂写一点儿个人的感受如上,以就教于历史哲学和史学理论的同行。

原载《湛江师范学院学报(哲学社会科学版)》1999年第20卷第1期

对历史学的若干反思

◇ 人们的认识永远是在前进的,是一个永远无休止的积累过程,它不会停留在某一点上而不再前进。它永远都在脱离它原来所已经达到的那一点,不断地超过它自己,有时候甚至是革命式的超越,革命性地推翻原来的体系,另起炉灶。

◇ 一个历史学家永远不可能超出他自己的思想水平之上和感受能力之外去理解历史。

◇ 世上没有人能掌握全部知识的奥妙,历史学家不是万能的,无法掌握历史的全部真实,何况人类知识又是不断进步、永无止境的。没有一个历史学家的灵心善感能够如此的广博而又深切,足以领会全部的人类思想感情。

◇ 历史乃是自由人所创造的自由事业,不是大自然先天就规定好了非如此不可的必然。

◇ 一个对艺术缺乏感受力的人不可能真正理解艺术。但是不理解一个时代的艺术,又怎么有可能把握一个时代的精神呢？一个对权力欲盲然无知的人，大概也不大可能很好地理解古代专制帝王以至现代大独裁者的心态。

◇ 历史学家是以自己的心灵境界来拥抱世界和人生的。在某种意义上，历史学家对过去所构思出来的那幅历史图像，乃是他自己思想的外烁。如果他是积极进取的，他所描绘的历史图像也必然是美妙动人的；如果他是消极悲观的，则他所描绘的历史图像也必然是阴暗惨淡的。

◇ 能够理性地正视非理性的成分，这才是真正科学的理性主义者。非理性的成分在人生（也就是在历史）中，乃是同样必不可少的。人终究并不是（或不完全是）一架计算机；除了合理地运用工具理性而外，他还要受到种种心灵的、感情的、愿望的、理想的乃至欲念的支配。

通常我们所使用的"历史"一词包含两层意思：一是指过去发生过的事件，二是指我们对过去事件的理解和叙述。前者是史实，后者是历史学。有关前者的理论是历史理论，有关后者的理论是史学理论。历史理论是历史的形而上学，史学理论是历史学的知识论。两者虽然都可以用"历史哲学"一词来概括，但大抵前者即相当于所谓的"思辨的历史哲学"，而后者则相当于所谓的"分析的历史哲学"。

我们通常说的"一部中国史"，可以指中国过去所发生过的种种事件，也可以指对这些事件的阐述和解说。史实并不等于我们对史实的理解。史实本身并不能自行给出理解，否则的话就没有进行任何历史学研究的必要了。我们可以认为有如此这般的事件发生过，它就是历史。这个历史是客观存在着的；但我们对这个历史的认识和理解，则是只能在我们的思想之中进行的，它本身并不存在于客观世界之中。如果说史实作为材料乃是客观给定的，那么有关它的理论，或者说其中的道理，归根到底都是我们思想构造出来的产物。它不是现成摆在那里的，而是我们思想劳动的结果。

有人认为我们的思想就是客观存在的反映，它即使没有完全地、精确地反映客观的真实，至少也是不断地在趋近于那个真实。那个真实我们习惯上称之为"真理"。不过，这对历史学的若干反思就要涉及一部如《真理论》之类的皇皇巨著了。就目前和我们这里的主题有关的而论，这里只想明确一点，即所谓的真理并没有一种客观意义上的定位。真理不是北极。如果你是走向北极，你可以向北走，走到了某一点，你就可以说：瞧，这就是北极，再走任何一步就都是脱离了北极而在朝南走了。但是，我们大概永远都不能说：瞧，这就是真理，你再多走一步就背离真理了。人们的认识永远是在前进的，是一个永远无休止的积累过程，它不会停留在某一点上而不再前进。它永远都在脱离它原来所已经达到的那一点，不断地超过它自己，有时候甚至是革命式的超越，革命性地推翻原来的体系，另起炉灶。这种情形就连最严谨的自然科学也不例外。

能说我们的认识尽管目前还没有完全精确地反映真理，但却不断地在趋近真理吗？北极，你可以确切地知道它在哪里，你可以确切地给它定位。因此你虽然还没有走到北极，却可以知道你是在不断地趋近北极。但真理不像北极，我们无法给它定位，无法确定它到底是在哪里。如果我们没有资格指着某一点说：瞧，这就是真理，再多走一步就是背离它了。如果我们无法肯定这一点是在哪里的话，我们又根据什么来肯定我们是在不断地趋近这一点呢？

我们历史认识的进步或改变，是受到三个方面条件的制约的。正由于这三方面条件本身都在不断地发展和变化，所以历史学本身也就在不断发展和变化，而不可能是一旦达到某一点就停下来不再前进。三个方面的条件如下：一是新材料的发现。这一点的重要性是不言而喻的，无待多说。二是已往的历史事实并非就已经死去了，它们在而后的历史发展中仍然在起作用。我们往往要根据它们的后来的效果去理解和评论它们。历史是个不断的长流，已往的史实（例如孔子）对后来直迄今天和今后的作用和影响都是不断变化着的,从而我们对历史事实的理解和看法也就随之而变。盖棺并不能论定。三是历史学家作为已往历史事件的解说者,要受其本人思想意识的制约。一个历史学家永远不可能超出他自己的思想水平之上和感受能力之外去理解历史。或者说,一个历史学者之理解历史,要取决于他自己的水平和能力。犹忆自己做学生时,姚从吾先生(北京大学历史学系主任)总是要我们读《资治通鉴》,我读起来总觉得满书不是老子杀儿子,就是儿子杀老子,毫无趣味可言,远不如看那些缠绵悱恻的小说令人销魂。只是后来自己年龄大了些,生活体验也多了些,才愈来愈感觉到看什么小说都不如看《资治通鉴》那么真实感人,它比什么小说都更加引人入胜。世上没有人能掌握全部知识的奥妙,历史学家不是万能的,无法掌握历史的全部真实,何况人类知识又是不断进步、永无止境的。没有一个历史学家的灵心善感能够如此的广博而又深切,足以领会全部的人类思想感情。历史终究是人创造出来的,不能领会前人的思想感情(如老子杀儿子,儿子杀老子之类),那么最多只能说是他知道了(kennen)历史事实,但不能说是理解了或懂得了(wissen)历史。

  史料或史实本身并不能自行给出一幅历史学家所悬之为鹄的的历史构图。历史学家心目之中的历史乃是

（或者至少应该是）一幅历史构图，而这幅图画最后是由历史学家的思维和想象所构造出来的。如果同样的史料或史实就能自行得出同样的结论，那么只要根据一致同意的史料，历史学家就不会有各种不同的意见了。史实本身也不能自行给出任何理论来，理论总归是人的思想的产品。历史事件之作为史实，其本身并没有高下之别，但是历史学作为对史实的理解和阐释则有高下之别，它是以史家本人思想与感受能力的水平为转移的。因此，对历史学的形成（根据史料形成一幅历史构图）而言，更具决定性的因素乃是历史学家的思想和感受力，而非史料的积累。各种史料都是砖瓦，建立起来一座以往历史的大厦的，则有恃于历史学家这位建筑师心目之中所构思的蓝图。那是他思想劳动的成果，而不是所谓的史实在他心目之中现成的反映。

历史学是科学吗？大概这个问题在很多人看来会是多余的。因为多年以来人们已经形成了一种根深蒂固的思维定式，也许可以称之为唯科学观点，即一切都应该以科学性为其唯一的准则，一切论断都须从科学出发，并且以科学为唯一的归宿。只要一旦被宣布为"不科学"，这条罪状就足以把一切理论打翻在地，永世不得翻身。历史学仿佛理所当然地就应该是科学，完全地而又彻底地（正有如柏里所声称的"历史学是科学，不多也不少"）。然而，实际情形却是，历史学比科学既多了点什么，又少了点什么。历史学既有其科学的一面，又有其非科学的一面。历史学（作为一种人文学科）因为是科学的，所以它不是反科学的；又因为它是非科学的，所以它就不是或不完全是科学的。恰好是这两个方面的合成，才成其为历史学。凡是认为历史学是科学或应该成为科学的人，于此都可以说是未达一间，正如长期以来我国史学界所表现的那样。尤其是，有些史家虽然号称高擎历史学的科学性这面旗帜却没有认真朝着科学性的方向迈进。现代自然科学和社会科学的各种观点和方法，我国史学界不但很少有人问津，甚至显得不屑一顾。例如，定量化是每一种科学的必由之路，可是它在我国史学研究中的应用尚未真正开始，这方面的研究还谈不到有什么重大成果为史学界所普遍重视。

正如在物质生活史的层次上，我国史学界对自然科学的大多数观点和方法是绝缘的；在精神生活史的层次上，我国史学界对社会科学、人文科学或精神科学的大多数观点和方法也大抵是同样的绝缘。历史乃是自由人所创造的自由事业，不是大自然先天就规定好了非如此不可的必然。否则的话，人们的"决心""努力""奋斗""争取"之类，就变成毫无意义的空话了。人既然是历史的主人，是所谓"创造历史的动力"，他的全部精神能量及其活动（历史）就应该成为历史研究的核心。已往的历史研究大多只限于表层的记叙，只把历史现象归结为某些抽象的词句或概念，就此止步。但历史的主人是有血有肉的心灵，而不是抽象概念的化身或体现，历史研究最后总需触及人们灵魂深处的幽微，才可能中肯。一个对艺术缺乏感受力的人不可能真正理解艺术。但是不理解一个时代的艺术，又怎么可能把握一个时代的精神呢？一个对权力欲盲然无知的人，大概也不大可能很好地理解古代专制帝王以至现代大独裁者的心态。他尽管知道奥斯威辛和布痕瓦尔德屠杀了多少万人，但是他还需要能充分解释（理解）何以法西斯对于异己的人们怀有那么大的仇恨（并且还煽动了那么多的德国人）？历史学家当然不需要亲自去体验那种生活，何况亲自体验历史也是不可能的事；但是，他必须有能力领会那种精神的实质，而不只是停留在字面上。多年来史学界虽然也研究过不少历史人物，但超越概念而论及他们具体的心灵活动的，仍然十分罕见。对历史学家而言，理论思想的深度和心灵体会的广度要比史料的积累来得更为重要。史料本身并不能自行再现或重构历史，重建历史的乃是历史学家的灵魂能力（Seelensvermögen）。对历史的理解是以历史学者对人生的理解为其基础的。或者说对人生的理解，乃是对历史理解的前提。对人生有多少理解，就有可能对历史有多少理解。对于人生一无所知的人，对于历史也会一无所知。虽说他可以复述许多词句，但是历史学乃是一种理解，而绝不是以寻章摘句为尽其能事的。

史料本身是不变的，但是历史学家对史料的理解则不断在变，因为他的思想认识对历史学的若干反思不断在变。历史事实是一旦如此就永远如此。布鲁图刺死了恺撒，一旦发生了这桩事，就永远都是如此，永远是布鲁图刺死了恺撒，而不是恺撒刺死了布鲁图。但是对于它的理解却永远都在变化。例如，布鲁图是个反专制独裁的共和主义者，抑或是个背叛者和阴谋家？恺撒是个伟大的领袖和君主，抑或是个野心家和大独裁者？这里，历史学本身就包含有两个层次，第一个层次（历史学Ⅰ）是对史实或史料的认识或认定，第二个层次（历史学Ⅱ）是对第一个层次（历史学Ⅰ）的理解或诠释。历史学Ⅰ在如下的意义上可以认为是客观的和不变的，即大家可以对它有一致的认识（例如，是布鲁图刺死了恺撒）。但历史学Ⅱ也是客观的和不变的吗？我们对史实的理解和诠释，乃是我们的思想对历史学Ⅰ所给定的数据加工炮制出来的成品，它是随着我们的思想的改变而改变的。假如它也像是历史学Ⅰ那样的一旦如此就永远如此，那么它就不会因时、因人而异了。在这种意义上，它是思想的产物，而并没有客观的现实性。然而历史学之成其为历史学，却全有恃于历史学Ⅱ给它以生命。没有这个历史理性的重建，则历史只不过是历史学Ⅰ留给我们的一堆没有生命的数据而已。

历史学Ⅱ也包含两个部分，即理性思维和体验能力，二者的综合就成为历史理性。理性思维是使它认同于科学的东西；体验能力是使它认同于艺术从而有别于科学的东西，或者不妨说是某种有似于直觉的洞察力的能力。因此，历史学既是科学，同时又不是科学；它既需要有科学性，又需要有科学性之外的某些东西。没有科学性就没有学术纪律可言，它也就不能成为一门科学或学科。但是仅仅有科学性，还不能使它成其为历史学。历史学的世界是外在世界和内在世界的统一体。我们对外在世界（客观存在）的认识需要科学，我们对内在世界（主观存在）的认识还需要有科学之外的某些东西。这里的"某些东西"，即我们对认识历史所需要的那种心灵体验的敏感性，那实质上有似于艺术的敏感性。我们对外界的认识要凭观察，我们对历史的认识还要凭人生的体验，否则就做不到真正地理解。这一点或许可以说是科学（自然科学和社会科学）与人文学科（为避免与科学一词相混淆，我们姑且称之为学科而不为科学）的根本分野之一。

科学研究过程的本身，在价值上自始至终都是中立的。科学家作为人可以有他自己的价值观，但他的价值观并不渗入到研究过程里去。而历史研究的性质却与此不同。历史学家在进行历史学Ⅰ的研究时，在价值上也是中立的，这一点和科学并无不同，因为这时他所从事的工作就是科学的工作。例如考订一件古物的年代，推理方式和操作方法，其性质就完全是科学的。然而过渡到下一个阶段，即历史学Ⅱ时，情形便不同了。这后一种工作就需要历史学家以自己的心灵去捕捉历史的精神，正如有的诗人是以自己的心灵去拥抱世界。这个过程自始至终都贯穿着历史学家个人的世界观和价值观、他的思想和他的精神。这时候对前言往事的理解，其深度和广度大抵上就要取决于历史学家本人对人生体会的深度和广度了。当然，这并不意味着历史学有在思想或感情上一定要同意或同情古人的思想或感情，但是他必须理解他们。历史学家是以自己的心灵境界来拥抱世界和人生的。在某种意义上，历史学家对过去所构思出来的那幅历史图像，乃是他自己思想的外烁。如果他是积极进取的，他所描绘的历史图像也必然是美妙动人的；如果他是消极悲观的，则他所描绘的历史图像也必然是阴暗惨淡的。

史家治史包括三个方面的内涵。第一个方面是认识史料，即上面所说的历史学Ⅰ。这方面的操作程序是纯科学的，或者说是完全科学的。第二个方面是在确认史料之后，还必须对它做出解释，这个工作是理解的工作，仅仅有科学的态度和方法是不够的。此外，还需要有一种人文价值的理想或精神贯彻始终。人文的价值理想和精神固然是古已有之，但它是随着历史的发展而发展的，它本身就构成历史和历史学的一个最重要的部分，甚至是历史精神的核心。科学不能自行给出人文价值的理想和精神。它虽然不是科学，但是没有它，科学就无所附丽，就失去了依托。此外，历史学的研究在某种意义上也是人性学的研究，因此，除了科学和人文价值的理想和精神而外的第三个方面，便是史家对人性的探微。人性探微自然也是古已有之，然而，只是到了近代哲人的手里，它才获得了长足的进步，人们才知道原来人性里面还有那么多幽微的丘壑和阴影。这种探讨有一部分和科学（如心理科学）重叠，但大部分却是独立于科学之外的。以上三个方面的综合就构成近代的历史学和史学思想。而每一个方面如果没有结合其他两方面，都不足以单独支撑起近代史学的大厦。我们正是凭借它们，才能分析和掌握过去的历史，而且正是因此，我们的理解才能不断前进。

所以历史研究的工作，最后就归结为历史学家根据数据来建构一幅历史图画。每一个个人、学派、时代都是以自己的知识凭借和思想方式来构思的，因而其所构造出来的画卷必然各不相同。他或他们不可能超越自己知识和思想的能力之外和水平之上去理解历史。当然，科学家之理解世界也要受到自己知识和思想的制约，不过他们不是作为思想和行动的主体的人来了解自己的本性，也没有人文价值的问题，所以科学之间就有一种一致公认的规范和准则，而人文学科则没有，也不可能有。人文学科（历史学）认识的主体（人）是要了解人自己的思想和活动（历史），这种了解是彻头彻尾受到他自己的生活体验、心灵感受和价值观的制约的。这就使得历史学不断地改写历史。实证派的史学家们每每喜欢标榜"客观如实"。而他们恰好就在这个"实"字上面绊倒了。历史学所给定的数据可以有一个"实"，即一个大家一致（或可以达成一致）的看法。但历史学并没有。数据提供给我们若干个点，而我们构思所用以扫描这些个点的曲线却不止一条。虽则它们之间也可以有高下和优劣之分，但这种区分大抵相应于历史学家对人生的知识和思想，没有哪一条有资格可以声称是最后的、唯一的。历史学本质上是一种思维构造过程，它受到历史学家个人思想的制约。

一个画家画竹，须胸中先有"成竹"。竹子只是同一株，而每个画家胸中的"成竹"则各不相同。历史学家的"成竹"就是他心中所构造的那幅历史图画。他的工作的完成，就在于最终把它传达给别人，让别人也看到他所构思的那一幅历史画卷。这里的这个"传达"工作，严格说来，乃是一种艺术表现；因此也就并没有所谓的"如实"。诗无达诂，读者所理解或感受于原诗的，未必即是作者的原意；同理，读者由阅读史书而理解的过去的历史，未必（甚至必然不会）就是作者所要传达给读者的那一幅画面。同样地，无论是作者或读者所构思的画面或者是所理解的历史，也就不会吻合人们通常所假设的"历史的本来面貌"。所谓本来面貌只不过是片段的数据，而不可能呈现一幅完整的画面。所谓历史的本来面貌实际上乃是史家所企图传达给读者的那副面貌。这里面已经经过了历史学家的理解、诠释和他的表达以及读者的理解三重炮制。而最后在读者心目中所呈现的那幅图画，才可以称为历史学最后所得到的唯一结果。数据只是死数字，是经过了以上的重重炮制才赋予它们有血有肉的生命，使之转化为活生生的人的历史活动。这些都是由于历史理性在进行思维（历史学Ⅱ）的结果。对历史学的若干反思（上述的"传达"），就是历史学的第三个方面。历史是一个故事，讲述这个故事就是历史学。但历史学只是在讲述故事，而不是历史故事本身。历史上有一个"鸿门宴"的故事,但我们所知道有关"鸿门宴"的故事则是根据史家(如太史公)的表述。而历史学家的表述则是根据他自己的理解。这样被表述的故事本身,自然也要受到史家思想的制约。可以说历史学Ⅱ自始至终都是受史家本人思想水平和表达能力的约束的。迄今为止,历史学的载运工具基本上还是日常生活的语言文字,这是一种极大的局限。以日常生活的语言文字作为载运和表达的工具,从根本上说,还没有(而且不可能)摆脱古来文史不分的传统而使历史学跻身于科学之林(历史学不是科学,但又是科学。这里我们是就后一意义而言的)。假如将来有一天我们能找到或者发明另一种有效的符号系统来表达历史学的含义,有如数学符号之应用于数学上那样,那么历史学也许能有望摆脱艺术表现形式的藩篱;不过直到今天它还只能不但是以艺术的形式来传达,而且也以这种方式而为人所理解——无论是史家对历史的理解,还是读者对史家著作的理解。这种理解的性质也就是我们对于艺术作品(例如对贾宝玉和林黛玉、对罗密欧和朱丽叶)的理解。我们大概永远不会达到"历史的本来面貌",正如我们对外在世界永远也达不到最终的真理。我们对于前史所能做到的,只是我们目前思想认为是可以满意的答案。

理性主义的思潮，曾经为人类文明史做出过了不起的贡献。都是由于理性主义信念的引导，人类才摆脱愚昧，敢于启蒙、敢于认识，人类才有了近代科学革命和思想革命，人类历史从此步入了一个崭新的阶段。但是和历史上其他一切思想体系一样，理性主义也是有利有弊、有得有失的。理性主义之弊、之失就在于它恰好忽视或抹杀了人生中非理性成分的地位和作用。能够理性地正视非理性的成分，这才是真正科学的理性主义者。非理性的成分在人生（也就是在历史）中，乃是同样必不可少的。人终究并不是（或不完全是）一架计算机；除了合理地运用工具理性而外，他还要受到种种心灵的、感情的、愿望的、理想的乃至欲念的支配。忽视这些因素，恰好不是一种理性主义的态度。科学地对待历史学，就必须承认历史学中的非科学成分。只有科学地承认这些非科学的成分，才配得上称为真正科学的态度。以"不科学"的罪名把科学以外的一切成分一笔抹杀，这不是一种科学的态度，而是一种唯科学的态度。真正的"科学"或"客观"，就不应该"唯科学"或"唯客观"。当代哲学中的分析派和生命派两大潮流各行其是，当代历史哲学也有分析的历史哲学与思辨的历史哲学两大潮流分道扬镳的趋势。分析的历史哲学视思辨的历史哲学为形而上学的呓语。这种批评在一定程度上有道理。如果我们不科学地分析我们的历史知识以及有关的概念和命题的意义及其有效性，就径直武断地肯定历史的实质是什么，那诚然无异于痴人说梦。一切历史学的概念和命题，都必须先经过一番逻辑的洗练，才配得上称为有意义的和科学的。这一点大概是我国史学界（从传统到当代）所最为缺欠而急需补课的方面。但是历史学却不能到此为止，它终究还要继续探讨历史本身的客观性以及历史知识的客观性。思辨的历史哲学不能跳过分析的历史哲学这一步，然而历史学又并非是到此止步，而是在跨过这一关之后还需要为历史本身锤炼出一套思想体系来。如前所述，分析的历史哲学是对历史的知识论，思辨的历史哲学是历史的形而上学。只有经过知识论锤炼出来的形而上学才是真正的哲学，也是真正的历史哲学。

人文学科之不同于科学（自然科学和社会科学），就在于它的人文性。其中包括我们上述种种伦理道德的、审美的、欲念的以及个人的和集体的好恶和偏见。历史学家永远都渗透着、饱含着种种非科学的、非纯理性的格调和色彩。即使是历史学Ⅰ中的原始数据，也不可能完全不受到这些人文因素的加工或扭曲。

历史本是无限丰富多彩的，但历史学家的知识总是有限的，他的思想不可能总结万有、包罗万象。他的历史构图注定了只能是限于一隅，他那宏观的世界历史构图充其量也只能是一孔之见的管窥蠡测。历史学家应该在自己的无知和无能面前低下头来，这会有助于历史学家提高自己的思想境界，而且这也会有助于历史学家提高自己的历史理解的能力，因为历史理解是以理解者的思想境界为转移的。所以未经批判的、武断的决定论，就是对克里奥女神最大的僭越和不敬。以往号称是懂得了历史的历史学家们，不知有多少豪言壮语式的历史预言都一一破了产——这正是克里奥女神对于无知与狂妄的惩罚。历史学家的理解终究只能是限于他本人的体验与思想的范围之内、他本人所可能思想与理解的经验对象之内，他那历史构图只能限于他的思想水平之上，他的表达只能限于他的表现能力之内。读者则只限于以自己可能的理解和感受去接受（或改造）他的陈述。历史事实是客观的，但对历史事实的认识和理解则是人的思想的工作。那既不是生来就有的，也不是客观世界所给定的，而是我们心灵能力所构造的。

什么是历史？什么是历史学？历史知识和理解的性质是什么？倘若不首先认真考虑并确切回答这些问题，就径直着手研究历史，那种历史知识就必然是盲目的而又混乱的，有如盲人摸象。那样的历史学就连所谓"科学的"历史学都谈不到，更遑论"人文的"（它是科学与非科学兼而有之，所以是超科学的，但不是反科学的）历史学了。当代我国史学界有人喜欢侈谈中国历史的特点以及人类历史的普遍规律之类，而对于作为其先决条件的，即什么是历史的和历史学的本性和特点，却毫不措意，这又怎么能够把历史学和历史认识建立在一种健全的基础之上呢？历史理性批判这项工作乃是历史学研究的一项前导或先行（prolegomenon），不首先进行这项工作，历史学就等于没有受洗礼，就没有资格厕身学术的殿堂。我国近代的新史学，从梁启超、王国维一辈奠基人算起，迄今恰已满一个世纪，马克思主义理论之作为我国历史学的主导亦已有半个世纪之久。它们的贡献是有目共睹的，它们的局限和不足则有待于我们继续前进和超越。历史学家不应停留在前人的水平上，原地不动；而前进的第一步就应该是认真反思历史和历史学究竟是什么？

历史哲学之区别为思辨的和分析的，并非是说这两种路数的区分就是穷尽的和互不相容的。相反，在历史学中，史实和对史实的理解以及对这种理解的反思，在历史学家的思想意识里是交互为一体的，它们统一于历史学家的人文价值观，而任何人文价值的理想（如人人平等）都只是一种形而上学的假设，它不可能由经验加以证实或证伪，它也不是一种可能经验的对象，所以也就不是历史或历史学的对象。然而它（或它们）对于历史学却是不可或缺的前提。没有这个前提，就没有历史学家的思想，而历史学也就无由成立。对于这种前提，任何纯理性、纯科学或纯技术的操作都是无能为力的。那些操作可以有助于澄清我们的思路，但不能提供我们的思想或价值观。那些操作并不干预人文价值的理想，双方各自独立、并行不悖而又相互无关。但历史学之成其为历史学则已恰在一切操作既已完成之后，最后还要联系并归结为人文价值的理想。一切历史和人们对历史的体验（历史学）都要由历史学家的人文价值的理想加以统一。在这种意义上，每个历史学家首先都是一个历史哲学家，历史学的对象是一堆史实，历史学家则是用自己的哲学按自己对历史学的若干反思（心中的蓝图）把这一堆材料构筑成一座大厦。因此，历史学家就其本性而言，既不可能是实证主义的（科学的），也不可能是理性主义的（逻辑的）。对历史的理解，取决于历史学家对人性（人所表现的一切性质）的理解，其中既有经验的因素，又有非经验的因素；这两种因素大抵相当于人们确实都做了些什么（史实）以及人们应该都做些什么（人文价值的理想）。一个艺术家对于人生和世界的理解，取决于他自己思想的深度和广度，一个历史学家对于历史亦然。通常的看法总以为所谓历史学就是

（或主要的就是）历史学Ⅰ，而不知道历史学之成其为历史学，其关键乃在于历史学Ⅱ，而不在于历史学Ⅰ。历史学Ⅰ是科学，历史学Ⅱ是哲学。就此而言，历史学家的哲学思想就远比史料的积累重要得多。史料学不是历史学，也不能现成地给出历史学。

任何科学或学科都包括材料与理论二者的统一。历史事实一旦如此就永远如此而不可更改，但历史学（对历史事实的理解和诠释）却必然在不断地更新。一旦我们的思想观念更新了，原来的史料就被转化为新史料并被给予新的诠释而获得新的意义。我国传统史料的积累之丰富，可以说是得天独厚，但是在现代史学理论的开拓上则未免相形见绌。友人庞朴先生尝谈到，历史学界今天的当务之急是史学理论的建设，我自己也有同感。理论和材料（数据）从来相辅相成。我们不应该把理论看成是现成的、给定的、永恒不变的，而历史研究的任务则都不外是再多找几条史料来填充这个理论的框架而已。科学的进步，当然包括历史学在内，这一点好像很多人并没有怎么意识到；而历史学又不仅仅是一种科学而已，同时还是一种人文学科，这一点好像就连大多数历史学家都还不曾意识到，好像是一种传习的势力在引导着历史学家们只满足于研究形而下的器，而不肯去思考自己事先所假定的形而上的道（王国维所说的

"其本身所赖以立论之根据"），于是也就不能不受到形而上学的惩罚。历史学不是经学，它那研究不能出之以说经的方式，所以我们既不能以经讲史，也不能以史证经；但历史学同时还是一门人文学科，所以它就不能出之以实证的方式，它既不能证明什么，也不能证伪什么（如有的历史学家喜欢说的，这就证明了什么云云）。历史学所研究的，一是人性所扫描的轨迹，二是历史学本身。历史学可以说是对人性的行程——那是一场永不休止的实验——的反思，在这种反思中它也必须反思自己。这里需要的是历史的一种觉醒或者警觉性，同时也就是历史学的一种觉醒或者警觉性，是历史学家对于历史以及历史学的一种灵心善感。缺少了这一点，死材料就永远不可能呈现为真正具有生命的活历史。并不是有了活生生的历史，就会有活生生的历史学；而是只有有了活生生的历史学，然后才会有活生生的历史。

原载《史学理论研究》1996年第2期

历史理性的重建
——奥特迦·伽赛特历史体系观散论

◇ 在很多较落后的国家，我们都发现有类似的国粹派与西化派的论战，它似乎带有某种程度的普遍性，例如在19世纪的俄国和20世纪的中国。

◇ 自从17世纪，近代思想就沿着两条平行路线在发展。一条是沿着笛卡尔所奠定的以头脑思维的路线，另一条是沿着帕斯卡所奠定的以心灵思维的路线，两者浸淫而演化为当代分析学派与生命哲学双方的对峙。

◇ 西方当代的心灵现实是，它原来的两大基石都已根本发生了动摇：在认识上是17世纪牛顿那种秩序井然的铁的因果律，在信仰上是17世纪对理性的无限崇拜以及由此而来的社会进步观。信仰（或者说迷信）科学的时代已经过去了。科学在许多具体方面的成功，并不意味着它对于我们生命的整体也必然会同样地成功。反之，科学在部分上成功，也可能在整体上失败。

◇ 渴求真理乃是人之所以为人的绝对需要。人之异于禽兽就在于：人不是一种食肉兽，他是一种食真理兽，他要靠吃真理而生存。

◇ 人是历史的动物，而其他生物和无生物则是非历史的。历史的积累使人一代胜似一代，其他生物则只是无意识地一代重复一代。

◇ 人生是不可逆转的，历史也是不可逆转的，这倒并非全都由于给定的时间已不可能重现，而更是因为人不可能再回到自己的过去。但是人向前进，是不是走得越快就越有价值呢？一场戏的演出，是不是演得越快就越好呢？

◇ 今天的西方知识分子已经不信仰科学万能了，但这正因为他们一百年前曾全心全意相信过科学万能，相信过科学能够解决一切问题。而一百年前之所以如此信仰，又可以再追溯到两百年前信仰理性的那种集体心态；而在公元1700年以前抱有这种信仰的人，还微乎其微。

◇ 历史是一个体系，是一个不断的连锁。我们是从过去走过来的，没有过去就没有今天，虽则今天已不是过去。进步就意味着突破和超出旧传统，但是历史的创新虽然高出旧传统，却又为此目的而必须保留旧传统并利用它，只有这样才能上升到更高的境界。进步要靠积累，积累是人类历史的特点。今天的一头老虎和一百年前的老虎并无不同，可是今天的人和一百年前的人却大不相同：他们的凭借不同，他们起步的出发点不同；今天的境况就包括古人的历史在内，这就成其为今昔最大的不同。

前　言

20世纪初，当乌纳穆诺（Miguel de Unamuno）完成了他的名著《人生的悲剧性感情》，马达里亚迦（M. de Madariaga）为之作序时，曾深深感叹说，英国和西班牙都处于西欧文化的外缘，然而相形之下，西班牙的思想文化在本国境外却是那么的鲜为人知。

西班牙建立过近代世界最早最大的殖民帝国，一个与古代中世纪截然不同的近代民族国家以及一套相应的世界政治（Weltpolitik）的机器。但是1588年之后，她落后了，闭塞了，随后几个世纪的西班牙历史竟成了一部长期衰落的历史。西班牙这个贫困偏僻的国家，早已失去了她往昔以海上霸权称雄世界的雄风。仿佛是她已经自绝于西欧文化，并且也被西欧文化所遗忘。因此，近代西班牙思想界很自然地要把目光投向寻找西班牙文化复兴的出路，作为自己心灵追求的鹄的。他们精神上那种沉重的负担，是其他西欧民族，如英国、法国或德国，所感受不到的。

就在马达里亚迦写了那段话之后不久，一系列的西班牙思想家和作家就相继把西班牙的思想推向了世界，使它重新焕发出近代早期它那世界性的光辉。乌纳穆诺和奥特迦（José Ortega y Gasset）堪称其中的双子座，而以后者的思想影响更大。马达里亚迦和乌纳穆诺所叹息的那种为外人所不理解的西班牙灵魂或堂·吉诃德精神，又重新展现在全世界的面前。然而要掌握另一个民族的精神和思想，又谈何容易！读外国人的著作往往遇到无法逾越的困难；我们认识它的文字结构，但我们领会不到它的思想实质。正如我们读托尔斯泰和陀思妥耶夫斯基，但我们却触及不到俄罗斯的灵魂；又像是西方的汉学家们，不管是多么精研中国的文献，却永远也不可能像鲁迅那样鞭挞到中国民族性的核心深处。奥特迦自称："我的书是为西班牙写的，不是为'全人类'写的。"[1] 所以也许我们永远都体会不到那种西班牙精神，永远只能停留在隔靴搔痒的地步，因为我们缺乏为任何真正的历史理解所最为需要的那种体验（Erlebnis，而非 Erkenntnis）。这个楔子是要表明，本文并不自命了解了奥特迦的思想，也无从肯定了解他到什么程度。本文只不过是一个中国读者对他的散记以及对他的某些印象和看法。

---

[1] 奥特迦：《现象学与艺术》，纽约：Norton，1975，第23页。

时代与生平

1876年西班牙"自由教育研究所"（Institution Libre de Ensenanza）的成立，标志着自由主义思潮开始传播，知识界强烈要求学术思想自由，与西方文化接触，要求摆脱腐朽的政权和教会的干预，并反对当时爱国主义派那种孤立于西方思想主流之外的做法和倾向。这一思潮也深深地影响了青年的奥特迦。世纪之交的西班牙思想界，有分裂为两大营垒的趋势：一派强调本国文化的特色，主张通过本国的特色进行现代化；另一派则主张通过西欧化，接受西欧文化及其价值观念，使西班牙融入西欧文化共同体之中来实现现代化。两派的现代化目标名义上相同，而两派在具体途径上则各行其是。这是西班牙的国粹派与西化派之争。当时的奥特迦属西化派，他认为只有对西欧文化全面开放，西班牙才有可能复兴并现代化。他曾发表一系列文章参与这场论战，因而被老一辈的对手斥之为不爱国和崇洋媚外。他对此反驳说："一个爱国者是不是就应该把本国视为高于一切？""西班牙之所以重要，就在于她在精神上与全欧洲相结合，"他声明，"我是一个爱国者，我身上的西班牙感情遗产，是使我通往欧洲的唯一凭借。我相信西班牙必须要完成全欧洲文化的使命。"[1] 有趣的是：在很多较落后的国家，我们都发现有类似的国粹派与西化派的论战，它似乎带有某种程度的普遍性，例如在19世纪的俄国和20世纪的中国。

奥特迦1883年生于马德里，父亲是小说家和记者。他少年时学习古典文献，后入萨拉曼卡大学和马德里中央大学求学，1904年获博士学位；次年去德国，先后在马堡大学、莱比锡大学和柏林大学攻读哲学，因为在他看来，没有哲学基础，真正的历史学是无从建立的。他在马堡从学于当时新康德学派的大师柯亨（Hermann Cohen，1842—1918）和那托尔卜（Paul Natorp，1854—1924），受了马堡学派的知识论和方法论的训练和影响。但他并不完全同意新康德学派的观点，感到他们的家法太严，缺乏对知识的好奇心；他认为人们不应该从无限繁复的历史之中挑出一个自己喜爱的模式，并简单地把全部人生强行纳入其中。[2] 同时他也潜研刚刚登上舞台的布伦坦诺（Franz Brentano，1838—1917）和胡塞尔（Edmund Husserl，1859—1938）的

---

[1] Oliver Holmes：《人的现实与社会界》，安赫斯特：麻州大学，1975，第10页。

[2] 参见《现象学与艺术》，第34页。

现象学。青年时奥特迦的思想大体上有两个渊源，一是新康德主义，一是生命哲学和现象学。

宗教改革以来，西班牙就在思想上和文化上故步自封，断绝了与西欧（特别是德国）的联系，虽则1700年以后法国思想文化的影响有所增长。1910年奥特迦回到西班牙，在马德里中央大学任教，直到1936年内战爆发，他流亡国外为止。他是第一个把近代德国思想介绍给西班牙和拉丁美洲西班牙语国家的人。由于他在德国学习时即已认同西欧文化，所以在当时国粹派与西化派的论战高潮中他很自然地参加了西化派阵营。这场论战也促使他开始对历史哲学进行深入而持久的研究。此后，他逐渐成为西班牙共和时期思想界的领袖人物。

在1914年《对吉诃德的沉思》一书中，他借用康德人类学的概念来说明，西班牙还没有能力摆脱和超越旧传统，西班牙仍是个"前人"的国家而不是今人的国家，三个多世纪都仿佛是在迷途之中原地踏步徘徊不前，这已成为西班牙民族的痼疾。他呼吁西班牙人起来反对传统，超越传统，从对过去的迷信之中解放出来，把自己投入欧洲文明的主流。1920年西班牙国粹派（Hispanophils）举行聚会，悼念小说家拉瑞（J.M.de Larra，1809—1837），因为拉瑞猛烈抨击过西班牙所受的国外影响。1923年，青年的西化派

（Hispanophols），包括奥特迦在内，也举行聚会悼念法国象征派诗人马拉美（Stephane Mallarmé，1842—1898）。两次聚会旗帜鲜明地表明两派和两代人之间的分歧和对立。这一时期奥特迦曾主持《大公报》（*El Imparcial*）、《太阳报》（*El Sol*）和《西方评论》（*Revista de Occidente*），其主旨都是探讨带有根本性的重大历史化问题，即"现代人灵魂"的问题；它们成为当时学术思想界有名的报刊，并使西班牙和西方思想文化有了更密切的交流。1923年他还邀请爱因斯坦访问西班牙，讲演相对论。

奥特迦一直在领导西班牙共和派知识分子反对西班牙的独裁统治。1929年西班牙独裁者里维拉（M.P.de Rivera，1870—1930）查封了马德里中央大学，奥特迦为了表示抗议对学术自由的横暴摧残，愤而辞职。旋去各地演讲，后结集为《什么是哲学》。另一部《群众的反叛》也于此时写成。所谓群众是指独裁制下的群氓，独裁者里维拉本人也是其中之一，是根本不配当领导的。他在《太阳报》上发表文章，大声疾呼：专制政体必须毁灭[1]。次岁，里维拉倒台，西班牙第二共和国成立，他恢复教职并入选国会，任参议员，但他不能

---

[1] 按，古罗马的卡图卢斯，每次演说都以高呼"迦太基必须毁灭"作为结束。

适应复杂的政治权术斗争，于1932年脱离政坛，却迄未中断站在反对派的立场上撰写政治论文。他的基本立场始终是拥护共和，并不断受到来自左、右两方面的攻击。1936年西班牙内战爆发，他被迫出走法国，再去荷兰讲学。内战于1939年以佛朗哥独裁政权的确立而告结束，他无法回国，遂去阿根廷，在布宜诺斯艾利斯大学讲学，在这里度过了第二次世界大战的岁月。战后，他重返故国；但他一贯的自由主义却一方面受到佛朗哥独裁政权的敌视，另一方面又受到反佛朗哥势力的猜疑。1948年他在西班牙成立了人文研究所（Institution de Humanidades），不仅研究历史文化，还研究当前问题，要以更多的新方式研究人的问题。研究所受到佛朗哥当局的多方干扰，终于在1950年关闭。此后为了避免国内压力，他多次出国讲学，并协助建立了有名的阿斯本（Aspen）研究所；还去过德国接受他母校马堡大学的荣誉博士学位。1955年他在马德里寓所逝世，享年72岁。

几个世纪以来，西班牙一直是一个灾难深重的国家，一直生活在横暴、愚昧而又腐朽的专制政权和教权统治之下，直到1975年大独裁者佛朗哥去世为止。知识分子的感受来得特别深刻，所受迫害也最残酷。才华那么横溢、覃思那么卓绝的一代哲人乌纳穆诺（西班牙最古老的萨拉曼卡大学校长），就惨死在法西斯集中营里。和乌纳穆诺相较，奥特迦更少宗教的色彩，而更多人文主义的批判成分。这一点或许是使他那"群众社会"的理论博得更多读者的原因。1921年《没有脊梁骨的西班牙》和1923年《我们时代的主题》，一定会使一个饱尝落后之苦的中国知识分子读起来倍感亲切的。他呼吁所有欧洲的知识分子同心协力共建西方文化价值，他呼吁他们应该自觉而不应该像群氓那样浑浑噩噩地生活下去。这一思想加以发挥，便成为《群众的反叛》一书的主题。《大西洋月刊》称誉此书说，它对于20世纪，正有如卢梭《社会契约论》之于18世纪和马克思的《资本论》之于19世纪。无论如何，20世纪初西方正在跨越近代与现代（或现代化与后现代化）之间的那条边界，正在经历一场历史性的大转折，奥特迦本人是见证了这场大转折的思想代表之一，并且他本人是深刻意识到这一点的。这使得他的思想饱含着鲜明的时代精神。

奥特迦的著作已编有西班牙文的全集。英译文成书的，就我所见有15种，另有单篇英译文若干散见于各杂志。30年代初（20世纪），他有一篇《为德国人而写的序言》，但由于随后1934年法西斯发动的慕尼黑事件，此文始终未在德国发表。这是他的一篇思想自传，已收入英译本《现象学与艺术》一书作为第一篇，读者对他的思想有兴趣的，可以参阅。不知人不可以论世，不论世亦不可以知人。知人而又论世——我们下面可以看到——正是奥特迦本人基本的历史学论点之一，亦即人与环境总是融为一体。而这一论点用之于了解他本人的思想应该是最恰当不过的。

加缪（Albert Camus, 1913—1960）评价奥特迦是尼采以后西方最伟大的作家，这一评价是否允当，可以见仁见智。不过如下一点是不争的历史事实：自从17世纪，近代思想就沿着两条平行路线在发展。一条是沿着笛卡尔所奠定的以头脑思维的路线，另一条是沿着帕斯卡所奠定的以心灵思维的路线，两者浸淫而演化为当代分析学派与生命哲学双方的对峙。奥特迦则被人们公认是当代生命哲学最重要的代表人物之一。

逻辑理性和历史理性

中世纪信仰神和神的启示；否则，人在世上就活不下去。这一被视为理所当然的信仰，从15世纪开始消逝，于是出现了一个危机的时代。此后，人们又从另一种信念里找到了得救。16世纪到19世纪是历史的另一大周期，这时，人们是靠对理性的信仰而生活的——这一信念也就是笛卡尔《方法论》中所宣告的人们应该而且能够以几何学的理性精神解决一切疑难问题。人们坚信"整个世界具有合理的结构，严密地吻合人的智力组织"[1]，这就是"近代"[2]。可是今天又"我们却正在看到它那临死的阵痛，正在听到它那曲死前的天鹅之歌"[3]。

这种理性主义和近代早期的自然科学是互为表里的，即对世界和人生采取一种纯客观的态度去进行观察和分析。浪漫主义意识到了这种态度的缺陷，于是转向寻求内心的情操和感受。这一思想方式同样有权被认为是一种时代精神（索罗金对这一点曾有详尽的发挥）。[4]生命哲学就继承了这一传统而与理性分析相抗衡。直迄19世纪风行一世的那种廉价的（有时是太廉价的）乐观主义和对进步的信仰，就受到帕斯卡－克尔克迦德生命哲学那种内心焦灼的挑战。西方当代的心灵现实是，它原来的两大基石都已根本发生了动摇：在认识上是17世纪牛顿那种秩序井然的铁的因果律，在信仰上是17世纪对理性的无限崇拜以及由此而来的社会进

---

[1] 奥特迦：《历史是一个体系》，第171页。

[2] 参见《现象学与艺术》，第53页。

[3] 奥特迦：《历史是一个体系》，第170页。

[4] 参见 P.A.Sorokin：《我们时代的危机》，纽约：Dutton，1941，第1章。

步观。信仰（或者说迷信）科学的时代已经过去了。科学在许多具体方面的成功，并不意味着它对于我们生命的整体也必然会同样的成功。反之，科学在部分上成功，也可能在整体上失败。对科学的信仰，只不过是一种"空想主义"。我们应该从这里去寻找现代世界精神不安的原因[1]。正值英语国家决定性地走向语言和逻辑的分析之际，大陆上却涌现一股强烈的生命哲学浪潮与之相颉颃，他们要求完整地把握全部的人生，而不是把整体生命解剖为各个片段加以分析。在广义上，从胡塞尔以降的大陆各家（甚至包括晚年的怀特海，他隶籍英、美）都可以归入这一行列。蒂利希（Paul Tillich，1886—1965）总结这一历史行程说，它始于17世纪的帕斯卡，18世纪经历了一段地下活动，19世纪成为革命的，而在20世纪获得了惊人的胜利[2]。

生命哲学强调人的积极参与作用，反对人只是消极地作为一个单纯的旁观者。实在（reality）并不单只是观察和研究的对象，它是我们当下要直接加以把握的某种东西。要认识实在，就不能停留在单纯分析的水平上。

---

[1] 奥特迦：《历史是一个体系》，第179—180页。

[2] 参见P.Tillich：《存在主义与心理治疗》，H.M.Ruijtenbeck编《理性分析与存在哲学》，纽约：Norton，1967，第5页。

以严密的符号和概念去澄清一大堆以日常生活用语所表示的、含混不清的、逻辑混乱的思想和推论，这个工作是必要的；但这并不等于理解了或把握了实在。在近代思维史上曾经有过各式各样的方法：数学方法（笛卡尔）、心理学方法（英国经验论）、逻辑方法（德国古典哲学的先验推论）、生物学方法（有关自然发展和社会发展的各种阶段论）、历史学方法（狄尔泰、克罗齐）。它们的路数各不相同，但这表明了任何一种特定的方法都并非唯一的方法。要理解实在，就需要有一种它自己的方法，而不能照搬其他方法。在奥特迦看来，已往的各种方式在一定意义上都不是把握现实，而是躲避现实的一种方式。在这种意义上，一切哲学和科学都只不过是一种 convention commode（方便的假设），它们是诗，是幻想，是一场有规则的游戏。19世纪实证主义者的乐观主义不仅浅薄，而且毫无根据，它武断地设定人类历史有一个目标。20世纪的人却越来越不关心什么是这一所谓的历史目标，转而面向当下的现实，面向个人心灵及其环境的现实。这是对19世纪的反弹。如果说，自然科学所探讨的是"在变化着的外衣下的永恒性质或结构"[1]，或者说是亚里士多德式的变中之不变；那么人的科学所

---

[1] 奥特迦：《历史是一个体系》，第184页。

要探讨的又是什么呢？物有物性，然则人也有人性吗？

奥特迦的基本论点之一是：人们的思想至今依然是两千五百年以前伊利斯学派本体论的俘虏。经验告诉我们，事物是永远在变的，但是人们却企图在其中寻找"变中之不变"，称之为物性或本质（substance），它既有其表面的繁复与多变，又有其潜在的恒定与统一。或者说，它颇有似于某种数学概念。古代的这一概念降及近代，就演化为波义耳的规律，即变化不已的现象有其永恒不变的规律，再到孔德和穆勒就成为客观规律的绝对不变性。某些哲学的出发点是，首先把知觉当作感觉数据，换句话说，首先是把它作为观照和思考的对象，而不是作为生活的现实。伊利斯派的错误就在于忽略了"实在"的这种直接性，因而他们就不能真正从永恒的观点（sub specie aeternitatis）把握实在。为了弥补这一点，我们在逻辑理性之外就需要有一种历史理性。如果我们要从经验（有限性）中寻找伊利斯式的成分（无限性），那么我们就必须明确：历史并不是哲学观念，哲学并不能（像人们想象的那样）概括历史。要了解人的历史，我们就必须有一种非伊利斯的观点，犹如数学在欧氏几何而外需要有一种非欧几何一样。事实上，"并不存在我们通常所谓的'观念''思想'，它们只是一种抽象，一种近似"，只有当其涉及抽象作用（如数学)时,才可以脱离具体的人;但当其涉及"实在"时,则只有"就人的具体生存的全盘背景"[1]才能加以理解。这就是历史理性。

什么是实在?它的最根本之点就是人的生存。"人生是一个基本的实在。"所以"我们必须把一切都归本于生存或生命"[2]。或者说,关于人生,我们可说的首先就是,它是一个基本现实,一切都须以这一点为坐标。我们被给定了自然界,我们也被给定了人生。"对此我们别无选择,而只能是设法使自己生存下去——这就是人生中最乏味而又最重要的基调。"[3]但自然界被给定于我们是现成的、非如此不可的,而人生却不是现成的、非如此不可的被给定于我们的。反之,人生被给定了就是自由的,所以我们每个人就只能是自由地去选择它、决定它、创造它。而自由的选择则是根据我们自己的信念做出的;没有对己、对人、对环境、对世界的某些信念,就无法做出选择。一个人的生命结构就取决于他的信念。从而,人道之中最重大的变化,也就莫过于信念的变化。

---

[1] 《现象学与艺术》,第20页。

[2] 奥特迦:《历史是一个体系》,第165页。

[3] 同上。

生命是被给定的，也就是说它是被强加于我们的，而不是我们自己加之于自己的，但同时我们又是根据自己的信念来决定它的，而不是像行星那样被强行纳入一定的轨道在运行的。我们要对一个个人、民族、时代或历史做出判断，首先就要确定他或它的信念库里面都贮存着些什么。构成一个人的状态的乃是他的信念，信念不单是思想，而且是我们所相信的思想。它不是纯思想，而是行动的指南。生活之被强加于人，就蕴涵着人随时随地都必须为自己自由地做出选择，它是被给定了要自己做出选择的[1]。但这绝非意味着人可以不必服从必然性。相反地，人比自然界要更深一层地服从必然性。人注定了是自由的，是注定了必然要自行做出选择的。自由就是人的必然性，不服从这个必然性，人就不成其为人。人生必须要创作出它自己所要采取的形式。它是一往无前的，义无反顾的，所以就永远也不发生"返于什么"（例如"返于自然""返于康德"之类）的问题。我们像是诗人，我们在谱写自己生命的诗篇。这就是生命的必然性。它使得奥特迦不禁深深感叹道："我们残酷的命运是何等之礼貌周全啊！"[2] 生命哲学的这种酒

---

[1] 《现象学与艺术》，第35页。

[2] 同上书，第20页。

神（Dionysus）态度，与理性主义的日神（Apollonius）精神形成了鲜明的对比：一方是满腔热情地入乎其内，另一方是冷眼旁观地出乎其外。

生命是最基本的现实，而"一切社会生活和文化现象则呈现为个人生命这一物种的组成部分"[1]，因而它们就是派生的、次级的。生命的精义并不在于其意识（Bewusztsein），而在于其"我和我的境遇"的两重性。世界首先呈现为我们的境遇，我们通过它与外界交通。已往的哲学大多以事物的本质（essence）为其研究对象。但人的本质恰好就在于，他没有本质，他就只有他为自己所创造的历史。人和他的历史乃是一个体系，它不是科学，也不能希望成为科学。它所寻求的乃是"实在"本身，而不是（像科学那样）要解释实在的某个部分或某个方面的现象。"实在"本身就包括人和人的历史。

历史、历史理性

奥特迦的哲学属于通常被人称为的生命哲学（Lebe-

---

[1] 《现象学与艺术》，第55页。

nsphilosophie）或精神哲学（Geistesphilosophie），并曾深受现象学的影响。他本人就是当代现象学的重要代表之一；也有人称他为存在主义（广义的）的现象学家。在他，构成生命的乃是自我、环境与自由的选择。最根本的实在就是生存，知识则是它内在的功能或作用。他以人生这一新的本体论范畴来消解怀疑主义与独断主义、现实主义与理想主义、唯心主义与唯物主义之间的争论。历史理性（或称为生命理性，vital reason）导致他走向了反对智识主义（intellectualism）以及由智识主义所派生的一切理想主义，因为它们研究人是把人置于境遇和世界之外，而不是置于其中，它们既没有看到生命是最根本的实在，也不认识生命是与环境相结合、相制约、相争斗的过程[1]。而知识和文化的真正作用，正在于此。生命是不明确的、不确定的，而它又追求着明确和确定；知识和文化也就是对生命的澄清和解释。生命是经，知识和文化是经注或经说，是不断地在解释经的。他并不认为生之冲动（élanvital）是盲目的，他强调其中合理性（rationality）的那一面。合理性是人生中最重要的部分。真正的思想绝不迷信某种外在的绝对权威，也不迷信自己的内在感觉，真正的思想

---

[1]《现象学与艺术》，第57页。

只能是自由心灵的创造。很多近代哲学之所以失足，就在于它们不是从生存出发，而是从思想出发，所以就使自己陷入一套想当然（虽则或许是融通无碍）的命题推导之中。真正的知识必须是对终极实在（ultimate reality）的探求，而终极的实在归根到底无非就是生命而已。

就个人在一个被给定的历史境遇中的命运而言，自我和外境两者是相互依存、相辅相成的，并不发生何者是第一位的问题。我就是我和我的环境，环境构成我的一部分；无此环境即无所谓我。这两者共同构成一个经验-网络（experience-matrix）。两者的关系并非简单的共存共处，而是唯有通过与外境的作用才能实现自我。这一自我实现，就是所谓生命。奥特迦自称为生命主义（vitalism），但他并不简单地反对理性主义。所谓生命或生机，无非是人类不断追求知识、理解和精神满足，它和理性是同一回事；这与第一次世界大战后西方流行的反理性主义和崇拜盲目冲动的思潮大有不同。因为他重视理性，所以虽也被有些人视为存在主义，但与存在主义颇有分歧。他鄙视法国存在主义中间流行的那种感伤主义的情调。他重视人类生机的社会文化条件，这一点又有异于一般的生机主义。

因此，他后来越来越喜欢使用历史理性一词，以代替原来的生命理性一词。生命者也，并非是指生物学意义上的生命，也不是指任何意义上的机器人、生物人、经济人或政治人，等等。它指的是全面的人，是人的整体。自我有一种使命，那就是人生的自我实现的使命，这个实现过程就是历史。于是，他就概括出他那个有名的命题：人没有本性，而只有历史。在这里，人和历史是通体打成一片的，人就是历史，历史就是人。

这种观点也被称为理性-生机主义（ratiovitalism），它指的是个人生命在给定条件之下的使命。成其为第一性的东西的，既不是物质，也不是精神，而是这两者相互依存的统一体。所谓我就是我和我的境遇，这就意味着我并不是一个思维的主体（thinking ego），我的境遇也是我的一部分。没有我的境遇，就不可能有我的历史。这一物我同在的网络，并非指两者的和平共处，而是指唯有作用于物，自我才得以实现。物我交互作用的共同体，就是生命。我们对于世界的认识总要采取一个具体的观点，或者说配景（perspective），它既非物也非我，这可以称之为配景主义（perspectivism）。配景是不可或缺的，但无所谓正确与否，一切配景都是同等有效的或等值的。唯一错误的配景，就是那种自命为唯一正确的配景。

我不只是思维，而且是行动；这就是生存，这就是历史。每个生命都有其具体的直接性（immediacy），相对于这一最基本之点，其他一切都是第二位的。新康德学派的错误就在于，它把人的实质看作只是文化，而撇开其境遇不谈。生命和环境、文化与人乃是统一体，不能分为两橛。"人是这样的一种动物，他注定了要把必然转化为自由。"[1]只有这样，自我才能真正成为自我。生命乃是暂时的现象（species temporis）而非永恒的现象（species aeternitatis），就此而言，如果历史和逻辑是统一的，它就必然是反智识主义的，因为任何智识主义都是要超脱时间而在永恒的观点之下（sub species aeter Nitatis）观照自我之外的纯对象。历史理性把理性看作在根本上是生机的，同时又始终是合理性的。这就既有别于一般的生机主义（反理性），又有别于一般的理性主义（反生机）。历史理性一方面反对纯粹观照的（contemplative）理性而强调生命的功能，另一方面又强调生命的活动依赖于理性。所谓生命或生机，就包括对知识的追求；故而生机和理性是一而二，二而一的。

胡塞尔的"我"，作为纯观照的主体，其本身并没有任何要求和感受，它只是在思考和理解这些要求和

---

[1]《现象学与艺术》，第56页。

感受。这样的"我",奥特迦认为只是一种景观或景象(spectacle),并不是实在或实体;因为"我所观照的并非是实在,而是一种景观。而真正的实在,则是这一观照本身"。[1] 经验一词在其正确的意义上,本来不是消极的东西,而是生命与环境两者间相互作用的产物。这好像是要把人们带回到前苏格拉底的希腊,在那里,哲学就是爱智慧、爱生活的智慧。于是,真理和追求真理,对于人生,就不是某种额外的、附加的、可有可无的奢侈品,某种方便或权宜,仿佛没有它,人也可以生存似的。渴求真理对于人生乃是不可须臾离弃的,没有它,人就不可能生活下去。事实上,"没有人,就没有真理",同样地,"没有真理,也就不成其为人"。[2] 渴求真理乃是人之所以为人的绝对需要。人之异于禽兽就在于:人不是一种食肉兽,他是一种食真理兽,他要靠吃真理而生存。而"真理的真实性则只不过在于其渴望追求真理而已"[3]。我们不能脱离人的追求而侈谈真理的客观存在,真理就只存在于对真理的追求之中。追求真理也和追求道德一样,都是人的天职。一切外物——

---

[1] 《现象学与艺术》,第62页。

[2] 同上书,第58页。

[3] 同上书,第51页。

包括精神（作为外物）之为物（res）——必须和我们的概念一致，所以我们的智力便是一种原事物（Urding, protothing），它认同于并物化着（verdinglicht）其他一切事物。思维与存在统一于生命之中，物我之间的界限就消泯了。说起来很奇怪：人们总是要把各种事物联系起来把握其整体，而那又是永远把握不住的。假如一旦把握住了，人就不需要再去追求真理了。真理并不在于任何地方，它只在对它的追求之中。科学如果要追求真理，那么"科学就必须按生机的需要组织起来。这样才能拯救科学，并且（尤其是）成为科学灵感的积极动力"[1]。

洛克以为人心是一张白纸，那上面可以画任何东西。胡塞尔则以为人心并不是一张白纸，那上面不能画任何东西。它是用以把握对象的能动作用，是有意识的、有目的的行动。这一思想为奥特迦所继承并加以发展。简单地说，大的生存就是要应付世界，把自己投向世界，生活于其中并仅仅生活于其中[2]。创造人自己的乃是他自己，而不是上帝，然而他又不能像上帝创世纪那样无中生有，他必须受到境遇的制约。假如上帝存在，

---

[1] 《现象学与艺术》，第28页。

[2] 参见《奥特迦全集》第2卷，马德里，1932，第607页。

那么,他也只是个"御而不治"("The king reigns, but does not rule")的英国国王,他把一切都下放给了每一个具体的个人。所谓自由就是不存在任何组织上的规定性,或者说,生命的唯一属性就是它在组织上的不确定性,亦即自由[1]。

形而上学是分析派和生命派都反对的,但在后者看来,前者仅只以分析为能事,除了澄清思维形式而外,并不给人以真正的知识,后者则把真正的知识看作生命本身的活动,它不给人以具体知识,却显示了人生,显示了人生是实践的活动。前者只接触到概念而没有接触到实在,因而人生及其境遇就都成了虚构的镜花水月,没有任何真实性。而人们真正需要的则是能够指明实在的新启示。

由自我与环境两者共同形成的生存,是不断在创造并实现自己的价值的。这不仅以个体生命为然。集体生命,亦即人类历史,在更大的规模上也是如此。到了20世纪,传统悠久的、思辨的历史哲学受到来自两个方面的严重挑战,一方面来自分析派(尤其英语国家),另一方面来自生命派(尤其大陆各国)。从此,曾长期占统治地位的思辨历史哲学就式微了。奥特迦晚年日益

---

[1] 参见《历史是一个体系》,第203页。

重视人生的背景方面,即历史理性的社会文化条件。下面就是他在《历史是一个体系》这篇名文中对历史理性所总结的基本命题:

"人没有本性,而只有历史。"

"人不是物,而是一场戏剧。"

"每个人都是在写他自己的小说家,他无法回避这一选择。"

"人注定了非自由不可。"

"宇宙间的一切事物都有预先规定的存在,唯独人并没有无可逃避的预先规定的存在。他只能自己设法谋生——不仅在经济上,而且在哲学上。"[1]

集体的生命也要永远地追求和创造,才不至于沉沦,这就是文化,这就是历史。人生并不是先天就被规定了的,历史的进程也不是先天就被规定了的。

历史是一个体系

所谓"人没有本性,而只有历史"是什么意思呢?它可以解释为:人的本性是由他的历史存在所决定的,

---

[1] 参见《历史是一个体系》,第217页。

除此之外人并没有先天的、不变的抽象本性。人性就是历史性，此外不存在历史性之外的人性。这种解释，接近于通俗的看法。但它也可以解释为：过去的历史被人遗忘，但又不断被重新发现，仿佛是过去死了而又复活。这个过程就是我们的历史认识、历史学，而这也就是历史。历史（和历史学）总是以现在、以今人为轴线而转动的。这种看法特别表现出人作为历史（和历史学）的主人的主导地位。布克哈特、狄尔泰和惠辛迦（J.Huizinga，1873—1945）的史学和历史观都属于这一思路。奥特迦大体上继承的是这一派，我们下面将略加引申。

我们要了解剧中角色，是不能脱离剧本的，即我们不能把角色孤立于剧本之外来理解。同样，我们理解人是不能脱离历史的。但历史是人的创造，既然是人的创造，它就不是也绝不可能是注定了非如此不可的，但人却被注定了非去创造它不可。它的生命只是在他自己的创造中实现的。此外，它就没有生命。它注定了是自由的，自由并不是（像人们通常想象的）某个脱离自由之外而独立的主体（entity）的活动。反之，自由就存在于活动之中，也就是存在于历史之中。这种活动是自由的，它是由人所选择、所决定的，而不是事先被注定了非如此不可的。人必须活动，但是他究竟怎样活动则取决于他自身。这便是"人注定了非自由不可"这一命题的含义。自然界一切事物的活动都被注定了非如此不可,唯独人的活动则否。于是便有人"只能自己设法谋生——不仅在经济上,而且在哲学上"的说法。这种说法加以简化,我们似可推论说,人是以其自身的思想在创造其自身的,也就是在创造历史的,亦即人是以他自身的思想在创造历史。人是自由地在做出自己的选择,这就成为他的使命感,使命感构成人的本质条件。人既是自然界的一部分,但同时他又绝非仅仅是自然界的一部分而已。因此之故,"人既是自然的,而又是超自然的"[1]。

人生是不断变化的,但变化的并不是某种"人性",而是人所创造的历史现实。"变"恰好就是人生的实质,但它不能看作一种伊利斯式的实质。换言之,实质并非是变中之不变,而恰恰就是"变"本身。思想和行为(历史)是同一回事,并没有与存在相分离的思想,反之亦然。凡是把思维与存在相对立、相分离的,其实都是犯了伊利斯派的错误。哲学与历史并不是两个不同的阶段,也不是两种不同的对象,因为人并不是旁观的思考者(res cogitans),而是演出的参与者(res

---

[1] 《奥特迦全集》第5卷,第343页。

dramatia）。这就又回到终古的老问题：什么是存在？什么是我？身外之物（例如我的钱）当然并不是我，然则我的身体是我吗？我的头发大概不是我，我的手和脚是吗？我的心脏、神经和头脑是吗？我的知觉是吗？如果这些都不是（我们不好说其中哪个是，哪个不是），那么剩下来的就只有一个思维的主体、两个王阳明式的"灵明"。这个结论却成了极端唯心主义和极端唯物主义的遇合点。反之，如果自我和境遇是一个不可分的整体，不能撇开境遇去认同自我，也不能撇开自我去认同境遇，那么这个悖论就不存在了。

人生及其所创造的历史并不是一个逻辑理性的展开过程（不是通常意义上的逻辑与历史的统一），而是一个历史理性的展开过程，亦即狄尔泰的 Real-dialektik（真实的辩证法，即非逻辑的辩证法）。历史学的任务，就是使自己认同这一理性的历程。人总是把自己的存在延伸到自己过去的全部历史之中的，他的身上背负着全部历史的历程。当其选择自己的命运、在决定自己的历史时，他只受到一个唯一条件的限制，即以往的历史。历史的过去永远在制约着历史的未来。我们不知道历史未来会成为什么样子，但我们知道它不会成为什么样子，它不会超出过去历史所容许的范围之外。自然事物有本性，而人则只有历史——这就是说历史之于人，正如本性之于自然界事物。历史即人自己的所思所想和所作所为（res gestae），这就是人的本性。此外，人别无本性可言。人的本性是不断变化着的，因之历史便有进步。把人性看成某种固定不变的东西或品质，乃是最大的荒谬。X 的本性是不变的——这个命题只适用于物，而不适用于人。自然界没有目的，但它可以有终结（例如热寂）。但即使是有一天全宇宙热寂了，那也只是它的终结而不是它的目的。而人的历史则相反，它有目的（ends）但没有终结（end）[1]。

以往的自然科学研究采取的是自然主义的路数，它不能揭示人的实质，即人的生活和历史。这个路数在物的方面的研究的成功及其所表现的威力，与它在人的研究方面的失败与无能，形成了鲜明的对照。近代早期的思想大师们曾天真地设想，运用理性主义的推论形式就足以解决人的问题，就像它解决物的问题一样的成功，今天已经很少有人再作此想了。这条路线一走到人生和历史的面前，就碰了壁。原因就在于人不是物，他没有本性。所以我们必须改弦更张，用另外一种完全不

---

[1] 参见奥特迦：《和谐与自由》，纽约：Norton, 1946, 第126—128页。按：历史没有终结的提法，令人联想到福山（Francis Fukuyama）1989年那篇颇为轰动的文章《历史的终结》。

同于我们用之于自然科学的思路、范畴和观念去研究人生和历史，并彻底抛弃三个多世纪以来无数失败的结果。这就导向与自然科学截然不同的另一种科学，即人们所称的精神科学（Geisteswissenschaft）或文化科学（Kulturwissenschaft）。这种科学迄今已有一个世纪了，但仍未取得可以和自然科学相媲美的成功。原因之一就在于研究者仍然是以自然主义－理性主义的思路在进行精神科学的研究。19世纪德国的唯心主义和法国的实证主义都是从人与自然（思维与存在）相对立这一前提出发的。一切精神主义（Spiritualism）的错误都在于，它们只是自然主义的更精致的形式，主旨在于要研究人性；但是它们当然找不到人性这种东西，因为人没有本性。人之为人，既不是物体也不是思想，而是生命的演出。生存本身并非以某种现成的形态呈现在他面前，而是他必须要去选择，去活动，去生活。每个人都必须如此[1]。每个人都注定了要自由（按：人注定了要自由，卢梭和康德均有类似的提法）地去做出自己的选择。历史不外是一幕个人生活的悲壮剧之在群体规模上的重演。就历史并没有外部所强加的任何目的而言，历史就是盲目的或没有目的的；但就其必须自行规定自

---

[1] 参见《历史是一个体系》，第199—200页。

己的目的而言,则历史就是有目的的。它必须自行规定自己的目的,这一点可以说是外部所强加给它的,而外部所强加给它的,仅此一点而已。"我是被迫自由的"[1],故而我就非自我创造不可。于是在一个根本之点上,分析派和生命派就似乎非常有趣地异曲而同工,殊途而同归。他们都在问:历史有意义吗?他们的答案都是:历史有意义,但这个意义乃是人(作为历史的创造者和主人)所赋予它的。此外,历史自身(per se)是没有意义的。"一切历史都仿佛是一个巨大的实验室,在进行各种实验,以便得出一种最有利于'人'这一物种的一种共同生活的方式。"[2] 我们有一种逻辑理性,用之于了解自然。但我们也有一种历史理性:要了解人和历史,就非得历史理性不为功[3]。

我们的知识并不是一面镜子,单纯地反映外界。思维是双向的,有来有往的,并非一味在消极地接受和反映。知识如果只是如实地反映外界,思维的主体或主体思维就没有任何地位和作用了。伊利斯派的错误在于彻底地智性化了外界;自然主义的错误在于把概念的存

---

[1] 参见《历史是一个体系》,第203页。

[2] 同上书,第215页。

[3] 奥特迦:《群众的反叛》,印第安纳州圣母城:圣母大学,1985,第41页。

在方式强加于客体。我们的思维是合逻辑的,但客体存在并不发生合逻辑与否的问题,它只是发生了如此这般的一回事而已。伊利斯主义认为一切变化都是虚幻,唯有不变的才是真实的。真实是永恒不变、无声无臭、无光无色、无影无形(或者说是淡漠无联)的实体,它与变化、运动、时间无缘,是可思而不可想的。一切变化都可以归结为一种守恒不变的、更真实的统一体,那就叫作本质。但这种概念应用于具体的历史时,只能是纯形式的操作,而不能解释历史的真实和力量。历史是一个体系,我们必须对历史进行有体系的思考,其中包括创造各种新概念,正如博物学家创造了种种新概念用以解释生物物种一样。但"物质科学是不可能对人的因素投射出清晰的光明的"。我们要探讨人的因素,就必须摆脱物的障碍,"只有物的理性崩溃,才能为生命理性、历史理性扫清道路"[1]。

这是不是说,历史理性必须建立在逻辑理性的废墟之上呢?倘若如此,则诚不免有绝对化之嫌,即把两者绝对对立起来了。性质不同的两种理性,并不必然就是势不两立的,奥特迦本人并未能令人满意地论证这个问题,他对此似乎没有明确的答案。不能投射光明只不

---

[1] 参见《历史是一个体系》,第183页。

过表明互不相干，但未必就是互不相容。实际上，这一点倒毋宁说是当代西方生命派所感染的一种世纪病、一种苦闷的象征，以及他们对理性主义的偏见和反感。理性主义有其不足之处（它未能看到所谓理性和理性能力范围以外的问题），但其优点和贡献是绝不能一笔抹杀的。而且生命派的这种倾向，无论在人类的历史上（在时间上）或在人类的地理上（在空间上）都不带有普遍性。它并未呈现于其他的时代或民族。个人主义与集体主义的、自由与权威的两难局面，往往令人困惑。集体强调得过分，就导致抹杀个人的尊严、价值和独立的创造性；个人强调得过分，则茫茫大地只落得一个孤苦伶仃、哀哀无告的个体在绝望之中挣扎。这后一种情形就是使得大多数生命派在心底里总是带有一种浓厚的悲观与虚无色彩的原因。但西班牙的情形又有所不同。他们从堂·吉诃德精神中得到启示和鼓舞。我们从乌纳穆诺《人生的悲剧性感情》那里几乎可以听到同样的声音在呼唤："愿上帝拒绝赐给你以平静，而赐给你以光荣。"[1] 人生所追求的是光荣，而不是平静，是奋身投入而不是心安理得（peace of mind）的境界。我们必须

---

[1] 乌纳穆诺：《人生的悲剧性感情》，布宜诺斯艾利斯：Losoda，1964，第286页。

效法堂·吉诃德的精神，勇敢地生活下去，追求下去。这就是人生的和历史的意义。

近代自然科学是非历史的，它们从一切变化之中抽出一种一致性（uniformity），把过去未来都包括在内。它们研究的对象是反复出现的。一切具体的历史事件都在时间的坐标之内进行，而科学所总结出的规律却不是。故此所谓科学的进步，只不过是我们把这种超时间的规律表现得越来越精确罢了。某些史学理论家（奥特迦是其中的突出代表之一）则反其道而行，努力要把非历史性的科学也统一于历史学之中。这个工作究竟做得如何，能有多大效果，恐怕要有待于未来加以检验了。无论如何，这个论点的内涵似乎并非不值得一顾。人是历史的动物，而其他生物和无生物则是非历史的。历史的积累使人一代胜似一代，其他生物则只是无意识地一代重复一代。作为一种历史动物，人就必须应付其历史环境。时间之成为时间乃在于有活动；没有活动，就无所谓时间。人的一切活动都须在其中定位，并只能是出现在一个时间连续体之内。人的活动就这样构成一个历史时代。然而历史却并非就是朝着一个固定目标前进的合理过程的开展；它往往更多的乃是人与其当前存在之间一系列的邂逅和碰撞，其中并没有任何道理（reason）或合理性（rationality）可言。历史理性必须承认并包括理性和非理性在内,理性和非理性都道道地地是人的因素(depersonalizing elements)。在这种意义上,他的历史理性可以看作对19世纪唯科学主义之否定人的因素的一种抗议。逻辑理性从对物质存在的客观状态出发,历史理性则从人对自己周围境遇(Grenzsituationen)的经验和人的心灵状态出发。

历史的思维

奥特迦对于集体总是怀有一种深刻的疑惧。他认为个人与集体不同,越是个人的活动(如爱情、友谊)就越有理性,越是社会的(如习俗、政治)就越缺乏理性。前者是个人作为有理性的、负责任的个人之间的自由关系,后者则是非理性的、非个人的强制关系。毋宁说集体是个人的堕落。个人与集体(el hombrey, la gente)之间总是有分歧和对立的,这里透露出了他对于现代民主主义的不信任。信念有个人的,也有集体的,信念一旦成为集体的,它就成为一种客观存在,不管个人同意与否,他称之为"社会教条"[1]。我们"要诊断一个个人、一个民族或时代的生命,我们就必须从整理他们信念的

---

[1] 《历史是一个体系》,第176页。

体系入手"，并"确定哪些信念是根本的、决定性的"。[1]

他不信任集体；他感到一切社会政治体制到了20世纪都由于群众的日益登上舞台而土崩瓦解。这自然就意味着西欧传统文明的破灭。但是我们回忆一下第一次世界大战后那些残破与幻灭的年代的景象，以及二三十年代（20世纪）法西斯在欧洲的猖獗和旧代议体制的衰落，那么他出于这种疑虑而发之为理论的心情是不难理解的。1930年他的《群众的反叛》一书问世，他论断说当代最重大的事实就是群众登上历史舞台（此书被《大西洋月刊》誉为，它之于20世纪，可以和卢梭的《社会契约论》之于18世纪、马克思的《资本论》之于19世纪，鼎足而三）。他以阴郁的眼光在书中把集体说成是没有灵魂的、被机械化了的人道，是一种次于人（subhuman）的人，是介乎人与自然之间的半人，是半自然状态的人。但社会也有它的用处，它规范我们的行为，从而使社会生存得以可能。它不是自然存在的和自动延续的，所以就需要人不断努力去创造和再创造，需要个人和群体的合作。即使如此，奥特迦还是不免（像尼采一样）对于所谓群众满腹狐疑。他认为今天的西方已转移到了庸众的手中，他们追逐物欲，自诩在道德上和知识上是完美的，并肆无忌惮地把自己的庸俗

---

[1] 《历史是一个体系》，第167页。

注入一切事物。也许应该提到：他本人所生活于其中的是西方资产阶级的社会，所以他对群众的这种看法在一定程度上是来得很自然的，有时候还是中肯的。当然，他并没有看到大多数平庸的人也有其崇高伟大的一面。遇适当的机缘（如革命），正是从平庸的人（而不是从高贵者）中间焕发出不朽的光芒。

奥特迦认为，从16世纪至19世纪是一个历史周期，当时的西方人是依靠信仰理性而生活的（笛卡尔的《方法论》就是它的一纸宣言书）；人们认为虽然有尚未解决的问题，但并没有任何问题是不能解决的，他们终究是可以认识一切真理的。这当然就意味着主和客根本上是恰相吻合的；客观世界是一个合理性的结构，正犹如人的思想一样是一个合理性的结构，它们同属于数学的理性结构。中世纪信仰上帝，当这一信仰衰微时，对理性的信仰就继之而登场。及至20世纪，这一信仰也发生了根本变化：过去曾信仰科学是人类最高价值的，如今是已经幻灭了。19世纪的人觉得自己是站在历史的前锋乃至顶峰，而20世纪人们却"突然之间发现自己在大地上是孤独的"[1]，这时"一切传统精神的残余就都灰飞烟灭了。样板、准绳、典范，对我们已毫无用处。

---

[1]《群众的反叛》，第84页。

我们必须解决我们自己的问题,决不能依靠过去"[1]。这场看来是对过去所进行的最彻底的决裂,却并非是出自对于未来的希望,而是出于一种沉沦感,即人正在无可奈何地在这个世界中沉沦。不过,对已往信仰的消失也并不一定是坏事。丧失了对上帝的信仰,人就有可能直面自然和人生(包括他自己的智力)并形成对理性的信仰。随着对理性信仰的消失,当人们面对着一种幻灭感之际,今天的人的使命就是要追求和发现人生与历史的真面目。这是我们时代的使命。

历史观是人生观的一个系论(corollary),是对人生的领悟和体验之反映于对历史的认识。历史观当然也出自对历史事实的认识,不过那毕竟是第二位的。首先是对人生的觉解或领悟,决定了一个人对人生同时也就是对历史的理解和看法。决定人们的历史意识或历史观的,首先是人生存在这一事实。分析学派是语言分析学家而不是历史分析学家,他们只能分析历史学的语言,因而对历史的理解就难免买椟还珠,语言表达的形式只是历史的椟,而不是历史的珠。或者可以说,有两种推理(或解释)方式,一种是科学型,另一种是历史学型。作为一个对自然界的旁观者,我们可以采用科学型的思

---

[1]《群众的反叛》,第27—28页。

路;但作为人生舞台上的演出者,我们却只能采取历史学型的思路。在逻辑理性的观点之下,我们可以说"我思故我在",但在历史理性的观点之下,我们却必须说"我在故我思"。思想乃是生存的功能和属性,而人类命运的得救——借用一个宗教术语——则有待于真正感受到了"历史脉搏"[1]的人。"我们需要全部的历史"[2],这样,我们就能进步,就不致开倒车,而且也才能摆脱历史的羁绊。要超越过去,最好的方法就是吸收过去、理解历史,"我们必须对付过去,重视过去,从而超越过去"[3]。

什么是历史学

自古希腊起,历史与理性这两个名词就是一组反义语。怎样才能使这两者合为一体?黑格尔的办法是把逻辑理性注入历史之中,巴克尔(H.T.Bubkle,1821—

---

[1] 《群众的反叛》,第83页。

[2] 同上。

[3] 同上。

1862）则是把物理理性注入历史之中。奥特迦一反前人之所为，他是要从历史本身之中找出它固有的理性来。历史理性并不是某种超乎历史之外或之上的理性，只有待于历史来完成它或者实现它。它乃是对超乎理论之外的实在的启示。我们此前所谓的理性都不是历史理性，故而此前的历史学都不是理性的或合理的。假如把理性主义界定为智性的某种操作方式，那就不仅把理性狭隘化了，而且把它僵化了。在奥特迦看来，理性乃是使我们与实在接触的行为或功能。它给予人的不仅是知识，而且是启示。笛卡尔有过真理和存在（生命）同一的说法[1]。历史学所要求的正是这一启示。人外化于自身，就成了历史。人之所以必须面对历史，并不是由于求知欲或好奇心，也不是因为它可以有用或者作鉴，而是因为历史就是他所有的一切。现在是历史学应该重建其自身的理性的时候了。这个历史理性乃是Ratio（或可相当于中国的"理"）或者Logos（或可相当于中国的"道"），是与逻辑（数理）理性相对而言的一种生机原理。它不仅不是非理性的，而且较之逻辑（数理）理性是更加理性的、更加合理的。逻辑（数理）理性使

---

[1]《历史是一个体系》，第226页。

我们可以把复杂的事实纳入一个更简明的基本事实的贮存库中。至于这些更简明、基本的事实究竟是什么，则莫可究诘[1]。反之，历史理性则不接受任何简明的基本事实，它要求把握的乃是事实（包括简明的基本事实）究竟是什么以及从何而来，它们是怎样发生和演变的。其中所包括的逻辑（数理）理性的成分，也是更高一级的逻辑（数理）理性。总之，"迄今为止，我们的理性都不是历史的，而我们的历史也不是理性的"，因此"人类就需要一种新的启示录，而这只能是来自历史理性"。[2]

当前是由个人的和集体的全部过去所组成的，其中既有今人的过去，也有前人的过去。历史就是人类思想、感情、知识、技术、政治、组织等的一个大贮存库。过去的存在，并非因为它曾经对前人发生过，而是因为它就构成我们当前的一部分[3]。我们现在的选择和决定都有赖于过去。除非某种事件是目前存在的，否则我们就不能说它是存在的；所以过去如其存在的话，那么它就是某种现存的并且目前就在对我们起着作用的东西。

---

[1] 《历史是一个体系》，第232页。

[2] 同上书，第223页。

[3] 同上书，第212页。

奥特迦的这一论点，代表历史学由历史主义朝向生命主义的过渡。[按：历史主义一词往往被人用得很滥，各有其不同的含义。这里用的历史主义一词系指由新康德学派至迈纳克（F. Meinecke，1862—1954）的历史主义，而非分析学派（如波普尔）[1]的历史主义]以迈纳克为代表的历史主义，大体上是19世纪浪漫主义的产物，它认为我们要真正理解历史，就必须超出单纯的科学因果律，而对前言往事达到一种"同情的掌握"，"对于材料有一种活生生的乐趣"[2]。迈氏此处所用的原文为Einführung。因忆昔年陈寅恪先生有言："所谓真了解者，必神游冥想，与立说之古人处于同一之境界，而对其持论所以不得不如此之苦心，表一种之同情，始能批判其是非得失，而无隔阂庸廓之论。"[3]其见解与德国历史主义如出一辙。陈先生为当代神州史学泰斗，且曾居留德国多年，而先生与德国历史主义思想之关系似从未有人研究过。此处顺便拈出，一得之愚以供当世治中西

---

[1] 波普尔 Historicism 一词应译作"历史主义"而不应译作"历史决定论"的理由，可参见波普尔《历史主义的贫困》中译本，北京：社科文献出版社，1987，第1—2页。

[2] 迈纳克：《历史主义的兴起》，伦敦：Routledge & K. Paul，1972，第248页。

[3] 陈寅恪：《金明馆丛稿二编》，上海：上海古籍出版社，1982，第247页。

史学史者之参考。

奥特迦强调人与境遇的统一以及人的创造作用，其中饱含着强烈的人文主义色调，这显然继承了从维科到狄尔泰那个悠久的传统。近代的理性，其重点大多放在抽象的纯粹理性上，而奥特迦所发扬的那个传统则把重点转移到生命理性上，而且宣称这正是我们时代的特征。"构成我们生命大厦最基层的是信仰。"[1] 这些信仰不必有逻辑的联系，却有一种生机的联系，从而构成一个体系或整体。只有去探讨其中的隐蔽的秩序，才使我们有可能理解人生和历史。而探讨它的唯一方法则是比较，即比较此时此刻与其他时刻的异同。这就意味着必须把过去的历史联系到当前，过去的历史才是可以理解的。毫无疑义，在这一点上他深受克罗齐的影响。历史——对于克罗齐，也像对黑格尔一样——乃是一桩精神的事业，精神自身的活动就是历史。单纯记录事实，并不就是历史，也不是科学。历史和历史学都需要人的理性（Reason）或精神注入其中。在克罗齐那里，回答发生了什么，只不过是编年；回答何以发生，才是历史学。历史学家的任务是把历史事实转化为历史学。而凡是不能与当前的现实相联系起来的，就不能被我们

---

[1] 《历史是一个体系》，第174页。

理解，也就不是真正的历史和历史学。所以一切历史都是当代史。这种思维方式（哪怕是其中合理的内核，假如有的话），乃是大多数的专业历史学家都无法接受的，尽管也有少数［如比尔德（C.Beard，1894—1948）和贝克尔（1873—1945）］与之有相通之处。由此降及科林伍德的"历史就是思想史"和奥特迦的"人没有本性而只有历史"，前后一脉相承。我们试把这一论据简单说明如下。

历史事实浩如烟海，而人的理解却只有一种，因而历史学就需要把无限的繁复性（多，Mannifaltigkeit）纳入于一种统一性（一，Einheit）之中；这就非靠历史理性不为功。历史学作为对人的系统科学，乃是关系着目前的一种科学；假如不是从这个原点出发，那么我们又哪里去寻找作为它的主题的那个过去呢？[1]流俗的历史学把过去简单地看作已经死去的东西，这是完全错误的。过去仍然活着，它就活在我们今天，就存在于我们自己身上，就是我们今天的一个组成部分。我们要了解今天，就需引征昨天，而昨天又需引征前天，如此上溯以至于全部过去的历史。因此，"历史乃是一个

---

[1]《历史是一个体系》，第223页。

体系，是以一条不可抗拒的链索联结起来的体系"[1]。例如，我们不了解中世纪的基督徒，我们就不能了解什么是近代的理性主义者；而我们不了解古代的斯多葛派，就不能了解什么是中世纪的基督徒。对这一历史体系的了解，其本身就在起历史作用。所以我们的每一个历史学概念和术语，也就都成为全部历史中的一种功能。我们今天不同于（比如说）一百年前，但今天却包含有一百年前的历史在内。所以西方目前对理性的怀疑，正是由于它包含了此前的历史在内的缘故，今天这种怀疑正是由过去那种信仰孕育出来的。历史是一个体系，是一个不断的连锁。我们是从过去走过来的，没有过去就没有今天，虽则今天已不是过去。进步就意味着突破和超出旧传统，但是历史的创新虽然高出旧传统，却又为此目的而必须保留旧传统并利用它，只有这样才能上升到更高的境界。进步要靠积累，积累是人类历史的特点。今天的一头老虎和一百年前的老虎并无不同，可是今天的人和一百年前的人却大不相同：他们的凭借不同，他们起步的出发点不同；今天的境况就包括古人的历史在内，这就成其为今昔最大的不同。公元1700年前的人所被给定的境况之所以和今天的不同，正在于今人

---

[1] 《历史是一个体系》，第221页。

又多了自从那时以来的三个世纪的历史。一头老虎的一切都要从零开始，而一个人（作为历史的主人）则不必也必然不会一切都要像亚当一样从头开始。

今天的历史学家，其地位与条件已不同于过去，他们是从今天的思想高度来看过去的，他们所理解的历史实际上是他们今天为自己所创造的故事。所以不但历史学本身是日新又新的，过去的历史也是日新又新的。我们理解过去，不能超出今天的条件。近代科学是那样突飞猛进，但我们今天（或者永远）却不能说已经掌握了自然的奥秘。历史学就更加如此。历史当然也是大自然的一部分，但它是一个特殊的部分。一般认为，自然研究以客体为经验对象，历史研究以主体为经验对象。不过，主客体总是互为条件的，两者不是互相独立，各不相干的。两者既对立，而又统一。自然现象也不能脱离主体，否则它就不是历史的，而是反历史（ahistorical）的了。朴素的唯物主义者把对象看作给定的、永恒不变的；但这种看法无论在自然科学上还是在历史学上，都是站不住的。流俗自然科学家的偏见，总是想要寻求那变中之不变，即物性。而流俗历史学家的偏见，则是要在流变不居的人世现象中，找出某种不变的本性（或者规律）。但是人并没有本性（他只有历史）。人是在变化着的，历史是在变化着的；所以并没有铁案如山、永恒不变的历史学定论。换言之，我们不能说历史证明了某个论题或命题，历史什么也不能证明。归根到底，历史是人的创造，历史学亦然。

通常的看法是：历史在变，而历史规律则不变。历史这场戏就好比是按照一个预先写好的剧本，一幕接一幕地演出，而这个剧本则是演员（创造历史的人）所不能改动的。然则，这个剧本又是出自谁的手笔呢？——假如它不是出自创造历史的人之手的话，难道它是出自非人之手吗？这个非人是没有生命的物质吗？或者，是全能的上帝吗？或者，是什么别的不可见的东西之手？有人设想过一种妥协的答案，即演员不能够改变剧本，但在一定程度上可以加快或减慢演出的节奏。这种说法涉及一个颇难解答的价值观问题。人生是不可逆转的，历史也是不可逆转的，这倒并非全都由于给定的时间已不可能重现，而更是因为人不可能再回到自己的过去[1]。但是人向前进，是不是走得越快就越有价值呢？一场戏的演出，是不是演得越快就越好呢？看来这种看法只是一种毫无根据的武断。

许多历史学家心目中往往充斥着各种毫无根据的武断。18和19世纪流行的历史进步观就是其中之一。历

---

[1]《历史是一个体系》，第209页。

史是否进步、应该如何进步,是要后天地由历史理性来决定的,不是先天地由逻辑理性来决定。它不能由逻辑推论来论证,只能由历史理性去创造。奥特迦甚至评论说,进步观"只是麻醉人民的鸦片烟"[1]。所有类似的武断(或者说迷信),都可以作如是观。奥特迦所关怀的是人,是人的现实和现实的人,不是纯粹的历史,因为没有纯粹的历史客体,历史总是和人不可分地合为一体的:"人化了(humanize)世界的并把自己理想的实质注入了世界和孕育了世界的乃是人。"[2] 人是历史文化的负荷者,个人的经历虽则充满了偶然,但在总体上毕竟是限定在社会的网络之内的。关于这个更大的网络(全部人类的历史),奥特迦总结出两个基本点:一是必须要有各种不同的、独立自主的文化;二是它们必须互相补充,互相促进[3]。而人类文明要达到这一步,则须经历三个契机(或可说三种境界):第一个契机是人感到自己的失落(alterration);第二个是人努力追求自己的思想去控制自己(vita contemplativa);第三个是

---

[1] 《历史是一个体系》,第182页。

[2] 奥特迦:《艺术的非人化》,普林斯顿大学出版社,1972年,第84页。

[3] 参见《现象学与艺术》,第26页。

人重新投身于世界，按设想的计划而行动（praxis）。[1]作为思维的自我，其全部的内在性（Immanenz）都是空虚的，纯粹理性必须通过置身于生机理性之中才能获得生命[2]。所以既没有纯粹的历史本身也没有纯粹的历史学本身。历史和历史学都是人生的实践，是和人（包括历史学家）的创造浑然一体的。

"群众的反叛"

世界上最根本的实在就是：我与环境共存，我就在环境之中，两者相互依存、相互作用。两者之间的这一创造性的关系，奥特迦界定为：我就是我和我的境遇。主体与客体都生存于其中的那个世界，乃是一个不可分的统一体。作为主体的人没有本性，所以人的一切、人的社会和文化也都没有不变的本性。本性不变这一概念，适用于其他物种，却不适用于人。人这个物种具有其他物种所没有的不稳定性和可变性。人的一切性质都是历史的产物，历史既不断在变，此时此地的人性就不

---

[1] 参见《艺术的非人化》，第187页。

[2] 参见奥特迦:《我们时代的任务》，斯图加特：Deutsche，第117页。

同于彼时彼地的人性。这种看法与当代存在主义（如雅斯贝斯、萨特）渊源之密切，是显而易见的。分析派所做的，只是澄清思想，而生命派所要求的则是体验人生的真理。这一以心思维而非以脑思维的传统，奥特迦本人是极其自觉的。他声称："如果读者把手指放在我所写的每一页上，他都会感到我的心在跳动。"[1] 因此，他不无道理地被人评为是"对某些康德的观念进行存在主义的发挥"[2]。不过看来，以心思维从另一方面也犯了以脑思维的同样的错误。它们同样把人的思想的作用绝对化了，把历史的动力首先看作思想。早在布克哈特和狄尔泰即有此倾向，而奥特迦则表现得格外突出。奥特迦十分清楚，通常为人们所理解的那种意义上的所谓历史与逻辑的统一乃是不可能的事。历史毕竟是经验的事实，不可能有理由与逻辑的先天推导符合一致。但在一个更高层次上，即在历史理性的层次上，它就不但是可能的，而且是必然的了。这一点，奥特迦非常之有似于克罗齐，即把历史和哲学二者等同为一。历史就是生命自我表现的逻辑，也就是哲学。

历史有意义吗？如果有，那意义是什么？答案是：

---

[1] 参见《现象学与艺术》，第20页。

[2] 同上书，第11页。

"意义"本身是没有意义的,也就是说,它并不叙述任何可能的历史事实。意义本身并不是历史事实,也不可能对历史事实做任何(真的或假的)陈述。但如果我们认为人生有其自身内在的价值,而不仅是实现某种外在目的的工具;那么我们可以说,历史的意义就是人生内在价值的实现。就此而论,历史就是自由的事业,这就是历史的意义所在。我们对历史所感兴趣的,总是和我们目前最为有关的东西。对历史的兴趣,更多的乃是对现在和未来的兴趣。历史已经被融于现在,我们的经验就包括过去的历史在内。因此,历史体系观或史学体系,就从根本上反对那种为历史而历史的学院派史学观。把历史学和哲学打成一片,也就是把历史学和人生打成一片。

笛卡尔以来的思维模式,大抵上都是非历史的,虽则三个多世纪中间对世界、历史和人生也曾有过种种伟大的总结。它们的功绩不可全盘抹杀,然而这种占主流的非历史的真理观却有着如下两个难点:1.假如它要具有立法权威,它就必须不能把任何事件委之于偶然;2.假如它不是随意的,它就必须由推导得出,而不能从经验中得出,但历史和历史知识却绝对是经验的。这一两难局面如何统一,就成为有待解决的根本问题:一方面自然界是一致的,到处皆然的;另一方面历史则是完全个性化的、各不相同的。据说,真理予人自由。但予人自由的,可以是我们掌握真理的形式(科学推论),也可以是我们掌握真理的内容(历史认识与历史感)。对此唯一的解决办法就是:通过历史理性使非历史的真理转化为历史的真理。

历史认识要靠直觉、体会,所以有其艺术性的一面。自然科学只需要纯粹理性,而历史学则需要柯勒律治所谓不同于幻想的那种想象力[1]。刘知几委求史家三长,即才、学、识。章学诚在此之上再标史德。而奥特迦则仿佛是在此之上再标历史感,即历史的警觉性。自然科学家不需要这种历史感,他只需冷静客观地进行工作,而历史学家则需充满着历史感,他仿佛是满怀偏见(历史感有似于偏见)地在工作。逻辑理性与历史理性二者之不同就蕴涵着对自然界的成功并不等于对人类生存的全面胜利。近代自然科学的成功及其所带来的人类驾驭自然界的能力,是灼然无疑的,但它只是人生中的一个量纲。部分的胜利并不排除全面失败的可能性。迷信科学就会导向"科学的空想主义"。困扰了奥特迦的是:随着科学的进步,人们越来越关心的都是物质享受,而不再是文明本身。工业化所造成

---

[1] 参见S.B.Coleridge:《文学回忆录》,伦敦:人人丛书,1921,第154—156页。

的这种"群众社会"可以说是人道的堕落。因为人道（人的文化）的真正前提必须是把自己置身于自己之中，而不是单纯地追逐外在的物质享乐。

奥特迦认为：并不是有了人，就有社会，而是有了人际（inter-individual），才有社会[1]。但问题是，现代群众是在国家这部机器里运转着的，而国家又毁灭了人的独立、价值和尊严，一部现代史及其主人（群众）在他的心目之中，于是就呈现为一幅阴暗的画面。他惋惜国家已成为人类文明"最大的危险"[2]。他不信任现代群众，把群众看作有似于庸众或群氓。他本人生活于一个正值西方文化与科学技术双方"度蜜月"[3]的时期。而他所目睹的这一可怕的群众化趋势，却由于近代人口增长的压力而增强了。他引桑巴特（W.Sombart）的研究，自1500年至1800年，欧洲人口从未超过1.8亿，而从1800年至1912年猛增至4.6亿[4]。把群众释放到历史里来的，都是受近代科学之赐，而恰好也是它，是最能汨没人的性灵的。他往往带着一种贵族的偏见，以敬畏的心情看待群众或群众人（mass man）。于是奥特

---

[1] 奥特迦：《人与人民》，纽约：Norton，1952，第179页。

[2] 《群众的反叛》，第101页。

[3] S.Belmo语，《群众的反叛》。

[4] 《群众的反叛》，第39页。

迦就把希望放在少数觉醒了的文化精华或文化巨人的身上。

奥特迦的以上看法，或许和他那重视个人而轻视集体的根深蒂固的倾向有关。他总是把集体看成某种没有灵魂的生命，但是他并不全盘否定社会性。人总是有其非社会性的一面，那是要靠社会性来制约的（这使人想到康德的"非社会的社会性"[1]的论点）。社会虽是由少数人创制，却须得到多数人的同意。然而他又始终免不了怀着一种浓厚的悲观心态观察当代的政治体制，这或许是出于一个自由主义者对任何绝对权威在本能上的不信任。他的思想的出发点是原子式的个人，所以他的这种反应是可以理解的，即使从未受过原子式个人主义洗礼的中国读者并不同意他的态度。而且他的态度也不是没有矛盾的：一方面他认为群众只是盲从权威的庸众；另一方面他又深深警惕到，一旦多数人起来反叛，就会势不可当而导致整个社会政治的解体。他的群众形象实际上是旧时代的被扭曲了的人的形象。他没有感受到群众在革命中所迸发出来的高贵品质，倒可以说，他本人在这方面是缺乏历史感的，缺乏了理解历史上最根本的要素之一。他所看到的现实，更多的是生活中暗淡

---

[1] 康德：《世界公民观点之下的普遍历史观念》第8卷，柏林：科学院版，1935，第23页。

的那一面，他没有很好地看到人（群众）同样有能力恢复自己的尊严。当代历史有许多令人沮丧的事例，但同时也有许多是令人鼓舞的。他本人已来不及很好地观察第二次世界大战后一系列世界历史性的重大变化。固然有不少人可以怀疑人类是不是进步，是不是更加幸福，但我们同样可以找出大量与这种怀疑相反的例证。可以说，奥特迦"群众的反叛"这一根本论点，始终并没有博得人们普遍的同意。

结束语

奥特迦的理论，在技术上也并非无懈可击。首先，数理理性几个世纪以来已经铸炼出一套行之极其有效的操作符号，作为它自己几乎是无往而不利的工具。它已经取代了只适宜于表达日常生活的日常语言。倘若历史理性想要和数理理性分庭抗礼（且不用说取而代之），它就需要建立自己的一套符号作为工具，而不能再局促于日常生活用语的低级状态。这一点即使能成功，也会是很遥远的事。而且即使历史学有朝一日研制出了一套新符号、新操作，从而使自己超越日常生活用语的模糊性而达到容纳或超越数理科学的精确性，我们也很难看出它怎么能够解决如下两重严重的局限：1.它怎么能很好解决人生、历史的意义之类的永世问题；2.它怎么能同时取消它自己立论的基础，即历史是人的创造，是自由的事业，因而就终究是不可预言的。历史学家布罗代尔曾要求历史研究应该是长时段的（longue durée）[1]，而奥特迦所要求的简直是永恒的。历史学越是精确和定量化，它就会距离它原来由以出发的前提假设越远。历史理性的重建，看来还是困难重重的，现在所能声称的只是：历史既是生命的体现，它就只能是由历史理性去研究并解答。这或许就是当代生命派思潮对历史学的贡献所在。

其次，奥特迦的理论的缺点是许多基本概念过于含混，整个推论架构就不可能严谨。例如，"实在"一词，他就用得很滥。是不是因为作为一首概念诗（Begriffsdichtung），许多思想和概念其本身就不可能是明确加以界定的呢？在大多数场合，他的意思是说，"实在"并非就是自然世界，自然世界只不过是人手边可供利用的工具，它那实在性仅仅在于它那有用性（utility）。人和自然世界的统一体才是"实在"，而且是唯一的"实在"。思维的"我"和存在的"我"和外在的世界乃是

---

[1] 参见布罗代尔：《论历史》，芝加哥大学，1980，第205—209页。

同一个东西。但它并没说明二者究竟是如何对立的，因为这个统一仍需以二者的对立为前提，否则即无所谓统一。或许，在气质上他是一个诗人（而乌纳穆诺就更加是个诗人），所以也像尼采和乌纳穆诺一样，喜欢用诗意的热情代替绵密的论证；但这就往往使读者难于索解其真意何在。文采的丰赡加强了论点的感染力，但也削弱了论证的说服力。西班牙精神在传统上本来就是民族狂想和宗教狂想的混血儿。所以西班牙思想家信仰某种生命的活力或生之巨流之类的东西，乃是十分自然的事。这类东西总带有一种不可言喻的成分，可以意会而不可言传，我们只能从语言文字的背后去体会它们那弦外之音和言外之意。这真是最难以捉摸的事了。人生是个永恒之谜，历史是个永恒之谜，我们却又注定了不能不全心全意投入其中去创造自己的生命，去创造历史。这正是西班牙思想家们所强调的"人生的悲剧意义"了。人生犹如走钢丝，永远要在天性与社会、自由与必然、个人与集体之间保持一种微妙的平衡。当然，它也随时总不免偏到这一边或那一边，偏向理性主义或生命哲学，偏向分析派或思辨派。而人类文化似乎就是在永恒的二律背反之中前进的。

奥特迦的主要著作写于分析的历史哲学行世之前，他仿佛事先预感到了并反驳了分析派的观点。分析派力图以纯粹的逻辑理性来操作或拨弄历史，这个路数他认为终究是走不通的。历史是活生生的现实，所以只能诉之于活生生的历史理性。这是一场史诗式的搏斗，而绝非一番纯概念的分析。否则，我们就无法了解历史，正犹如缺少了美感，我们就无由理解一件艺术品。而这一理论中的动人的魅力，大概是分析派也不能否认的。所以分析派就需要更深一层地了解生命派的历史理论，正不亚于生命派之需要更深一层次地了解分析派的历史理论。双方都有自己的缺点和局限，也都对历史学理论做出了各自的贡献。或许可以认为二者是同等有理由的，那只取决于你在什么场合去运用哪一种以及如何运用。正如欧氏几何和非欧几何在数学上是等值的，至于它们立论的不同前提，则不在数学操作或运算的范围之内。不过通俗意义上的所谓历史与逻辑的统一，则是奥特迦所断然不能同意的，因为它忽视了二者是两种根本不同的理性。历史学研究的是历史。假如它研究的不是历史，而仅仅是史学家的认识、思考和描叙历史的方式，那它就不是有关历史的哲学而是有关历史学的哲学了，也就是与历史无关的"描叙的形而上学"了[1]。这正是历史理性所不能接受的。一个中国读者可以有充分理由不同意他的理论，但其中所涉及当代西方思想文化的某些深层问题，则值得我们进一步思考和批判。

尺有所短，寸有所长。分析派的工作往往被人目为言不及义。四五十年代（20世纪）苏联学术界批判它是唯心主义的概念游戏。及至60年代（20世纪），由于电子计算机的落后严重阻碍了苏联尖端科技的发展，苏联学者才又回过头来重新研究分析学派的逻辑成果。生命派的工作往往被人目为只是浪漫文学。不过它之所以风靡一世历久不衰，也必然有其诉之于人心深处的东西，应该值得我们探讨。困难不仅仅在于区分两派遗产的精华与糟粕的那条界限应该画在哪里。更为困难而又更为重要的是：精华与糟粕可以互相转化，神奇可以化为腐朽，腐朽又复化为神奇；精华与糟粕倒不在于其本身，而端赖我们怎样加以运用。善于运用，就成其为精华，不善于运用，就成其为糟粕。运用之妙，存乎运用者的一心。如何做好这个转化工作，才是问题的所在。或许分析派的冷漠无情和生命派的激情昂扬，并

---

[1]　A. Danto：《分析的历史哲学》，伦敦：剑桥大学，1968，第Ⅶ页。

不像表面上看来那么水火不容，而是章学诚所谓的两派异端各得大道之一端[1]，二者都可以利用来丰富我们当今的史学理论。

原载《史学理论研究》1993年第2—3期

---

[1] 按：章学诚又有云："其持之有故而言之成理者，必有得于道体之一端，而后乃恣肆其说，以成一家之言也。"（《文史通义》卷一内篇一《诗教上》）可资参照。

评波普尔《历史主义的贫困》[*]

◇ 任何一部写出来的历史都绝不是包罗万象的。史家之写历史有如画家之作画,他只是透过某一点(某一瞬间、某一侧面)而掇取并表现出其整体生命的神髓。历史是有独立生命的,写出来的历史书(至少一部好的历史书)也是有独立生命的。

◇ 人类的知识并没有什么永不错误的根据,无论是在智性的层次上还是在感性的层次上。……没有一种理论可以称得上是完整的理论体系,或者说是真理。

◇ 真理不但不怕反驳,而且还必须通过一切可能的证伪来反驳,才能辨明自己的生存权。真理的真金,是由证伪之火锻炼出来的。可证伪的程度越高,则一个理论的可靠性与精确度也就越高。

---

[*] K.波普尔:《历史主义的贫困》,纽约1964年版(Karl Popper, *The Poverty of Historicism*, New York: Harper and Row, 1964)。本文参考的《历史主义的贫困》均为此版本,以下仅注页码。

◇ 人们不应该轻易地陷入那种廉价的科学主义的诱惑之中，天真地设想着：真理就在这里了！科学永远都是尝试性的，并且是必然要犯错误的。真理只能是一项无穷探索的过程；没有任何时候我们可以停下来说：瞧，这就是真理！

◇ 只有在吸取人类思想中一切合理的成分而又对一切不合理的成分进行批判的过程之中，才可望丰富和发展自己的正确的理论。不应该在正确承认一个人合理成分时，把他不合理的成分也全盘接受过来；也不应该在否定他的错误时，就拒绝他的合理因素。……既不以言取人，也不因人废言。

◇ 错误得很深刻，可能要比正确得很浮浅更有助于丰富人们对真理的认识。

一

历史主义自从 19 世纪末以来，一直是德国乃至西欧史学界的一个热门题目。此词德文原为 Historismus，字面上应该相当于英文的 historism；波普尔（Karl Raimund Popper）论述历史主义，却另拈出 historicism 一词。自此而后，英文中 historicism

一词反而成了德文 historimus 一词的相应词，而 historism 一词竟致被人废弃不用。[1] 波普尔之所以拈出 historicism 而不用 historism，是因为他的历史主义一词的含义与德国学派如狄尔泰和梅尼克（Meineche）等人的迥然异趣。在传统的历史主义者那里，所谓历史主义就意味着：历史的意义一般是可以，或者是应该以某种法则或规律加以解释的。同时，每一种世界观也都是历史地被限定的、被制约的，因而乃是相对于其时代而言的。传统的历史主义者又大多认为，历史学对经验事实的研究和推论方式是不同于自然科学的。

和这一传统的意义不同的是，波普尔把历史主义严格地限定为历史决定论；也就是说，历史主义一词指的是这样一种观点：历史的行程遵循着客观的必然规律，因而人们就可以据之以预言未来。所以他所使用的历史主义一词乃是指那种根据客观的历史规律解释过去从而预言未来的历史观。[2] 在他看来，历史主义和历史决定论乃是同义语，而他本人则是反对这种历史主义

---

[1] 参见 A.多纳甘：《波普尔对历史主义的考察》，载希尔普编《波普尔的哲学》第2卷，拉萨尔（伊利诺伊州），1974，第906页。

[2] K.波普尔：《历史主义的贫困》，纽约，1964，第50页。

的。[1]任何科学如果发现了客观的必然规律,就一定可以据之以预言未来。例如,天文学可以预告日月食,地质学可以预告地震。人类的历史过程有没有像自然世界过程那样的客观规律呢?波普尔的回答是:没有。历史是没有规律可循的,因而也就是无法预言的。这一反历史主义的理论构成他史学理论的核心。

波普尔的观点是,史学研究应该包括两个方面,即解释和描述。"历史学的这两种任务——即解释因果线索和描述把这些线索交织在一起的'偶然'方式——都是必要的,它们是相辅相成的。"[2]但是在这里,他对于所谓"历史的解释"却提出一种与众不同的观点。他认为科学是可以检验的,但是"历史研究或历史观点是不可能检验的。它们不可能被反驳,所以表态的肯定也就是没有价值的",于是"这样一种抉择的观点或历史兴趣的焦点——假如它不可能被总结成为一种可验证的假说的话——我们就称之为历史的解释"。[3]历史的解释不是科学,因为它是不可检验的,是假说。当然,

---

[1] 有人把波普尔的历史主义径直译作历史决定论。这种译法虽不错误,不过它在字面上就和 historical determinism(见该书附录)没有区别了;同时也不便于和波普尔所论述的其他各种"主义"相对应。

[2] K.波普尔:《历史主义的贫困》,纽约,1964,第146—147页。

[3] 同上书,第50页。

他并不认为假说就可以异想天开,或者不可检验的东西就意味着可以随心所欲地加以解释。不过,他的整个史学理论确实是从这样一个基本观点出发的:即历史主义的错误就在于它把对历史的解释误认为就是科学。

二

波普尔反历史主义的史学理论,可以归结为如下五条论纲:(1)人类历史的进程是受人类知识进步的强烈作用和影响的。(2)我们无法以合理的或科学的方法预言我们的科学和知识的增长。(3)因此,我们就无法预言人类历史未来的进程。(4)这就意味着我们必须否定理论历史学的可能性,也就是相应于理论物理学的那样的历史社会科学的可能性。(5)因此,历史主义方法的基本目标其构思就是错误的,历史主义也就是不能成立的。[1]在这五条基本论纲中,第一条可以说是常识,而且作为一种作业前提,一般地似可以接受。关键是第二条,但它的正确性却很可怀疑。为什么人类知识的进步就无法预言或预测呢?自第二条以下的第三、

---

[1] K.波普尔:《历史主义的贫困》,纽约,1964,第146—147页。

四、五条，每一条都是前一条的系论。如果第二条不能成立，则第三、四、五条便都不能成立。五条论纲的中心思想是：人类总是在不断地获得知识，然而知识的增长其本身却并无规律可循，所以预言就是不可能的。

历史主义者认为历史发展有其必然要经历的不可改变的阶段；波普尔则认为这个发展的历程是完全可以改变的，所以是无法预言的。他的主要论据如下：自然界的演变过程与人类无关，而人类历史的历程却和人类（作为认识的主体）是密切相关的。主体本身就参与了客体（历史）的发展过程；因而客观规律或阶段就会受到主体的影响而改变。预言本身就参与了并影响着历史的进程，所以预言也就不可能单纯是对客观规律的描述或宣告。这就是说，历史主义必然要做出预言，而预言又恰好以其自身对历史的作用而否定了规律的客观性。预言之影响到历史的进程，就意味着历史主义的预言的自我否定。为了说明这一点，波普尔引用了有名的俄狄浦斯（Oedipus）的预言为例。在希腊悲剧家索福克里斯的剧本里，先知传神谕说，底比斯的王子俄狄浦斯日后将要杀父娶母；为了躲避这个命运，俄狄浦斯就远离了自己的故土，多年漂泊异乡，但他在归来的途中却无意中杀死自己的父亲，后来又娶了自己的母亲。波普尔对此解释说：正是这个预言本身，乃是导致俄狄浦斯杀父娶母的原因。他把这种作用称为俄狄浦斯效应；亦即，预言本身就会影响到被预言的事件的历史过程，从而也就否定了客观的历史规律。这种效应在自然界中是并不存在的，例如人们对日月食的预言无论正确与否，都绝不会影响到自然界中日月食的客观过程。但是这种效应在人类的历史上，却只能说是太显著了。例如，只要人们在主观上预期将要发生战争，就必然会引起人们对预期中行将到来的战争进行种种努力与活动，而这些又反过来会影响到事物发展的进程。古希腊人行军作战之前先要进行占卜，而所卜得预兆的吉凶则会极大地影响到战略、战术和军心士气，那作用之大当然是不言而喻的。又如，人们对股票行情变化所做的预告，无论有无根据，也无论正确与否，势必要影响到股票市场的变化的。这样的事件，在历史上不胜枚举。不但预言，甚至于谣言也会起到类似的作用。传说中玛丽·安图娃奈特（Marie Antoinette，法国路易十六的王后）的珠宝大贪污案，就大大刺激了法国大革命前夜法国人民对波旁王朝的痛恨和仇视，从而加速了革命的进程。又如地震的谣言，虽然不会影响自然过程（地震）本身，却会造成人心惶惶、社会不安的效果，从而也就影响了社会过程（生产停滞、生活紊乱）。客观规律一旦渗入了主观因素，就会受到它的影响而引发改变。于是，预言也就改变了被预言事物的本身；因此，历史也就并没有客观的规律可以预言。预言本身,也就是人类知识的本身,就必然要影响到被预言的事件的现实过程(即历史);由此而得的结论就是:真正的预言是不可能的。

预言,或者更准确地说,决定论意义上的预言,乃是科学之成为科学的必要条件。[1]现在既然在历史研究中,预言乃是不可能的,历史主义也就是不能成立的。历史研究当然会有对历史的解释,但这种历史的解释只能是多元的,而不是决定论的,因而其性质就只能是"设想性的"和"随意性的",而绝非某种非如此不可(sine quanon)的东西。[2]以上的意思也可以换成另一种以哲学术语来表达的方式:历史学的命题乃是综合的而非分析的,故而它(或它们)就不可能有任何先验的有效性,也就是说,历史是不可能预言的。关于人类认识本身会影响到人类社会的进程——亦即"对社会问题的科学研究,其本身势必影响到社会生活"[3]——波普尔的论据有一定的代表性,曾引起东西方史学界的普遍关注。

---

[1] K.波普尔:《历史主义的贫困》,纽约,1964,第14页。

[2] 同上书,第151页。

[3] 同上书,第156页。

三

波普尔还有一个攻击的目标，就是总体论（holism）。他的公式是：历史主义就等于决定论，也就等于总体论。他本人反对历史主义，所以也反对总体论。总体论据说必然会引向乌托邦工程学。与乌托邦工程学相对抗，波普尔就提出了所谓"零碎工程学"（piecemealengineering）。它就社会理论而言，就是零碎工程学；就其所使用的方法而言，则是"试错法"（trialanderror）。这一点在政治上的含义是明显不过的，那就是要以零敲碎打的改良办法来对抗全面的社会革命。他的反总体论的论点如下：

历史主义是不可能的，总体论也是不可能的；所以要想"建立和指导整个社会体系并规划全部社会生活，在逻辑上就是不可能的事"。逻辑上既不可能，事实上就更不可能了。流行的观点是，部分之和就构成为总体。他认为，这种观点在物理世界是正确的，但在人类历史上却不是。世界上根本就不存在也不可能存在任何一种总体论意义上的历史，我们所能探讨的只能是历史的某一个或某些个方面。总体论的基本立场是"把人类历史当作一条巨大的、无所不包的发展洪流"，但是"这样的一部历史是写不出来的"，因为"任何写出来的历史都只是'总体'发展的某一狭隘方面的历史"。[1]但是在责难总体论的时候,波普尔自己也犯了一点总体论的错误,至少是在他的史学方法论上。他误以为在历史研究中,总体就等于细节的总和。其实,这种意义的历史学在史学史上是从来也不曾有过的,而且也是不可能有的。任何一部写出来的历史都绝不是包罗万象的。史家之写历史有如画家之作画,他只是透过某一点(某一瞬间、某一侧面)而掇取并表现出其整体生命的神髓。历史是有独立生命的,写出来的历史书(至少一部好的历史书)也是有独立生命的。波普尔这位科学哲学家在分析历史学的性质时,却忽略了它有其作为艺术的那一面。而且历史学,无论是作为科学的概括还是作为艺术的概括,都绝不可能要求包罗万象。

波普尔强调,历史主义或总体论,由于其自身的谬误,不仅在实践上是行不通的,而且在理论上"总体论的实验也不可能对我们的实验知识做出什么贡献",因为"社会工程师的总体论蓝图并非是基于任何一种可以与之相比较的实际经验"之上的,[2]或者说,总体论的蓝图和实际经验乃是无从比较的。然而历史主义者却只

---

[1] K.波普尔:《历史主义的贫困》,纽约,1964,第80—81、85页。

[2] 同上书,第83页。

会以一种唯一的（在波普尔看来是僵化的）思想方式，即以总体论的思想方式去思想；他可以想象变化，但是他只能想象不变条件之下的变化，"他无法想象在变化条件之下的变化"。归根到底，"历史主义贫困论乃是想象力的贫困"[1]的结果，也就是贫困的思想对于历史主义进行报复的结果。

人类的知识并没有什么永不错误的根据，无论是在智性的层次上还是在感性的层次上。因此，"人类的一切知识，尤其是一切的前知，都有可能错误"。[2]然而思想的贫困却使得人们在中世纪把圣书和启示当作永不错误的权威，而到了近代则又以理性（或智）为永不错误的权威。以理性为其权威的科学并不能真正认识事物的性质，因为没有一种科学理论可以完全被证明是理所当然的（justified）。一种新科学理论的提出，同时也就带来了与它所要解决的问题同样之多的新问题。新问题同样地有待于解决，故此并没有一种理论可以称得上是完整的理论体系，或者说是真理。然而，果真如此的话，那么什么又是随着他本人提出的反历史主义

---

[1] K.波普尔：《历史主义的贫困》，纽约，1964，第130页。

[2] 希尔普编：《波普尔的哲学》第2卷，拉萨尔（伊利诺伊州），1974，第1164页。

的理论而来的新问题呢？还是它已不再面临任何需要解决的新问题了呢？对此，作者并没有能做出明确的答复。

四

波普尔的企图是制订出一套能统一自然科学和历史科学的思想方法论。他的这一工作，往往不免予读者以刻意标新立异之感，他喜欢罗列一大堆的主义：本质主义、假说主义、演绎主义、唯科学主义、消灭主义等等。然而在把自然科学思维方法引入人文世界方面，他毕竟是属于当今西方思想界的突出代表之一。

波普尔攻击历史主义，是采取先为历史主义辩护的姿态，力图发挥历史主义的论点，然后再指责它的错误，进行攻击。就历史和历史学所涉及的范围而言，他集中攻击于一点，即断言历史并没有客观的规律，因而是不能预言的——不是在微观上，而是在宏观上。这里的论证是：科学真理必须能够经受证伪的检验，而所谓的历史的规律却是不能证伪的，因而也就不能称其为规律。自然科学的规律必须是普遍性的，但历史事件却是独一无二的，所以不能用科学上的证伪方法来加以检验；历史研究只能称为是对历史的解释而非历史的规律。这一论证的前半部分——即历史学不可能有自然科学那样的普遍规律——并没有超出19世纪末以来的新康德学派。但新康德学派主要是就自然科学与历史科学二者本性的不同而立论，波普尔则更多的是从方法论着眼。他可以说是把新康德学派的观点引申到了科学哲学的领域里来。

总体是不可能成为研究的对象的，所以对历史发展的整体就不可能有科学的理论。所以历史学所需要的并不是牛顿（那样的体系建立者），而是伽利略（那样的实验观察者），所以总体论就应该代之以零碎工程学；总体论是有预定的目的的，而零碎工程学则只问个别事件而不问目的。目的永远是总体论的构成部分，而目的论则必然导致空想主义。[1] 于是，空想主义或乌托邦也和总体论一样就成了历史主义的同义语，所以也就成了波普尔所反对的对象。他认为任何乌托邦都不能逃避这样两个缺点，一是其本身内在的矛盾，二是它必然导致暴力。科学是不能也不会构造出一个乌托邦来的——这是他在《开放的社会及其敌人》一书中所着重阐述的基本思想。在《历史主义的贫困》一书中，他又强调对

---

[1] K.波普尔：《历史主义的贫困》，纽约，1964，第60、64、85页。

未来社会的美好信仰无异于是相信奇迹,那原因就在于:我们研究一件事物"只能是选择它的某些方面","我们不可能观察或描写世界的全貌","因为描述乃是有选择性的"。[1] 关于这一零碎工程学的论点——它在哲学上就叫作"批判的理性主义"——马吉(Bryan Magee)曾用了这样一个比喻来解说:人类就像是正在大海上航行的一艘船上的水手,他们可以修改他们所生活于其上的这艘船的任何一部分,可以一部分一部分地修改它,但是他们却不可能一下子全盘彻底改造它。[2]

历史事件之有别于自然现象,在于它仅只一度出现,所以是独一无二的,不像是自然界现象那样反复出现;这一论点新康德学派已经再三申说,波普尔于此并无新意。如果说他有什么新意,那新意或许就在于如下这一点,即自然事变不是人为的,而历史则是人为的,其中包括人的意志、愿望、知识,等等。人类的某些知识,如牛顿的力学、瓦特和爱迪生的发明,可以极大地影响历史的行程。自然史与人文史之间的这一根本歧异,过去是探讨得很不够的。波普尔着重指出这一点是有意义的。但他在论述历史学时,却犯了一个不可容

---

[1] K.波普尔:《历史主义的贫困》,纽约,1964,第50、77页。

[2] 布赖恩·马吉:《波普尔》,纽约,1973,第103页。

忍的谬误。的确，我们并不能观察或描写世界的全貌，因而历史书的描写总是有选择的、有局限的。然而这个选择，对于历史学家却并非随意的。他所选择的应该是那些最足以表明历史精神的东西。他之略去许多东西，恰好是有助于表现他所要表现的东西。上节已提到，史家写史有如画家作画，他的画面不必表现全部的细节。历史学有其作为科学的一面，也有作为艺术的一面。对于艺术的一面，波普尔的史学理论是全然忽视了的。他只萦心于作为科学的历史学；但就是这一方面，其基本论点也是值得质疑的。

五

波普尔的讨论涉及多方面的科学问题，包括量子力学、概率论等专门学科以及方便假设论、思维经济论等思想方法论。构成他思想的一个特点而又有别于其他人的是，他力图把自然科学和社会人文打成一片。打通这两者的关键也是他那统一的方法论，这个方法论也被称为"证伪标准论"（theory of falsification criterion），是他企图对这两者一以贯之的理论。这个理论是说：检验真理的标准不应该是证实，而应该是证伪，"进行科学检验的真正企图,就是对理论进行证伪"。[1]科学真理必须经受一切可能证伪的考验。反之,凡是没有可能被证伪的,就绝不可能是科学真理。也就是说,真理必须能经受正反两方面的检验,而尤其是反面的检验(即证伪)。正面的事例或许不足以证实,但是反面的事例只要有一个就足以证伪了。例如说,希特勒是战无不胜的;无论希特勒打了多少胜仗都不足以证明这个命题正确。(因为他也有可能再打败仗);但是只要他打了一次败仗,就足以证明他绝不是战无不胜的,这就是证伪。也就是说,必须是能够经得起证伪的检验的,才有资格配称之为真理;凡是不可能以证伪方法进行检验的,就不可能是真理。

因此,科学可以说就是证伪。对科学的"一切检验,都可以解释为就是要淘汰那种错误的理论",而进行淘汰所使用的手段则是证伪,其目的"是要去发现某种理论上的弱点,以便去否定它,假如它被检验所证伪了的话"。[2]我们必须尽最大努力去挑剔一个理论的任何错误,"我们必须竭力去证伪它们";而且"只有当我们竭尽全力而不能证伪它们的时候,我们才可以说,它们

---

[1] K.波普尔:《历史主义的贫困》,纽约,1964,第131、133、132页。

[2] 同上书,第131页。

是经受了严格的检验"。[1]只有这时候,我们才可以认为它们已通过证伪而证明了自己是真理。或者用一种比喻的说法:真理是颠扑不破的,证伪就是要千方百计去颠破它,只有去用尽一切办法都颠扑不破它的时候,它才有资格被称之为真理。对真理的检验也就是进行证伪,或者说是进行进攻、进行驳斥、进行围剿;总之,"理论最后必须要服从经验的检验"。[2]真理不但不怕反驳,而且还必须通过一切可能的证伪来反驳,才能辨明自己的生存权。真理的真金,是由证伪之火锻炼出来的。可证伪的程度越高,则一个理论的可靠性与精确度也就越高。如果一种理论可被证伪的程度等于零,亦即它根本就没有被证伪的可能时,那么它就丧失了其作为科学真理的品质而不可能成其为科学的真理,它就只能是神话了:一切真命题或科学的命题,都是有可能被证伪(但又并没有被证伪)的命题;而凡是不可能被证伪的命题就都是假命题或是伪科学。一个命题虽不必一定要被证实,但却必须有可能被证伪。于是分析派所标榜的证实原则,到了波普尔的手里,就被代之以证伪原则。

人类认识的进步,就要依靠人们双管齐下,一方

---

[1] K.波普尔:《历史主义的贫困》,纽约,1968,第133页。

[2] 同上书,第132页。

面是不断设想各种大胆的假说,一方面则是千方百计地对这些假说进行反驳或证伪。这种工作越多、越好,则科学也就越进步。科学理论是假设,证伪则是对假设的反驳。科学认识就是通过这一猜测与反驳的双方交锋而不断前进的。这就是人类科学知识进步的规律。这个思想他在1968年的《猜测与反驳》一书中做了系统的阐述。[1] 猜测与反驳的过程是永没有休止的,所以人们不应该轻易地陷入那种廉价的科学主义的诱惑之中,天真地设想着:真理就在这里了!科学永远都是尝试性的,并且是必然要犯错误的。真理只能是一项无穷探索的过程;没有任何时候我们可以停下来说:瞧,这就是真理!这类科学主义的向往,正如各式各样的总体论、乌托邦或本质主义一样,都只不过是人们的幻想,而且还是人们为之要付出惨重代价的幻想。它们都以一种盲目的武断,排斥了检验它们成败的可能性;它们自命掌握了事物的本质,其实事物本身根本就不存在他们所说的那样的本质。真正的科学认识,只能是在猜测与反驳、试与错、假说与证伪双方不断反复较量之中逐步前进。

可以承认科学理论里面往往都包含有灵感或猜测的

---

[1] K.波普尔:《猜测与反驳》,纽约,1968。

成分，但只是在一定的限度之内。一旦超出了有效性的限度之外，正确就会转化为谬误。波普尔那种"科学发展的逻辑"（这是他另一本著作的名字）的致命伤，就在于他把科学理论、把猜测与反驳绝对化了。这就导致他否认不同层次的概括化在科学认识中的地位和作用。同样，总体和部分也是相对的，相对于不同的层次；绝对意义上的总体或部分都只能是空类；可是波普尔也把它们绝对化了。例如生物进化的规律，诚然它只是地球表面上的单一的历史事件，我们没有理由把它认为是普遍性的，也适用于其他星球或全宇宙；然而就地球的范围而论，为什么就不能承认有它合理存在的地位呢？波普尔的理论，问题实在太多了；他那些僵硬的概念划分办法，常常不仅违反常识，而且难以令人（不同意他那前提的人）同意。对有些史家的著作，我们可以有时不同意他们的理论观点，而同意他们的某些论断；但是对于波普尔的史学理论，可以让人同意的论断似乎并不多。

六

一般的习惯总是把自然科学和历史学两者区分开

来。应该说寻求一种统一的方法论来打通这二者，不失为一种值得尝试的努力。波普尔试图表明：（1）二者有统一的方法，（2）二者有统一的对象。那统一不仅是语言，而且是语言所展示的世界。他所探讨的范围虽广，其间却并非没有内在联系。他的方法论也并非全无合理的成分，对于前人也不失为有所突破或补充。但合理的因素被夸大到超出其有效性的范围之外，就转化为谬误。他的某些分析，在性质上本来是现象学的分析或概念的分析；而他却把这些当成论述客观历史事实的论据。[1] 他对形而上学的理解和态度也与流行的分析学派的看法有所不同，并有其独到之见。他还认为没有形而上学的信仰，科学的发现就是不可能的事。分析他的理论中哪些是合理的成分，哪些是不合理的（以及政治上反动的）成分，还有赖于我国学术界做更进一步的研究。只有在吸取人类思想中一切合理的成分而又对一切不合理的成分进行批判的过程之中，才可望丰富和发展自己的正确的理论。不应该在正确承认一个人合理成分时，把他不合理的成分也全盘接受过来；也不应该在

---

[1] 维特根斯坦承认："现象学的分析是概念的分析，它既不赞同也不反对物理学。"L.维特根斯坦：《色彩论》，伯克利：加州大学出版社，1977，第16页。

否定他的错误时,就拒绝他的合理因素。对具体论点进行具体分析,就包含着既不以言取人,也不因人废言。

在他反历史主义的理论中,要害问题是:历史发展何以不能预言。日常经验和常识告诉我们,有些历史发展是难以预言的,但有些则是完全可以的。即以波普尔所经历的第二次世界大战而言,战争爆发之前不是有很多人都在预言战争是无可避免的吗?波普尔不就是因此远走新西兰的吗?有些历史发展的方向,不仅是经验中的事实,而且(可以预言说),对于未来也会是有效的。这些预言是有根据的,而且是准确的,是任何人都不好否认的。对此他的答案也只能是很勉强地说:这是趋势,而趋势并不是规律;或者说,这只是历史解释,而历史解释并不是科学理论,所以我们尽管可以有历史的解释,但却"不可能有历史的规律"。[1] 实际上,他的办法是把问题缩小到一点上:即知识的增长是没有客观规律的。问题虽然缩小了,但仍然未能给出满意的答复。他真正的意图是要说:科学理论乃是人的意识的创造;有了客观规律才能够预言,而主观意识则是不能预言的。[2] 为什么主观意识或知识的增长就没

---

[1] K.波普尔:《开放的社会及其敌人》第2卷,普林斯顿,1971,第264页。

[2] 这大概是他指责弗洛伊德的心理分析是伪科学的真正原因所在。

有客观规律而且是不能预言的呢？他始终没有给出自圆其说的论据，于是这个问题就成了他理论里的阿喀琉斯（Achilles）的足踵。在根本上，他是一个历史不可知论者，这种偏见引导他把规律和倾向绝对对立起来，也把决定论和自由二者绝对对立起来。好像要么就要自由，要么就接受决定论；二者是不相容的，所以是不可兼而得之的。这也引导他认定极权主义和决定论是两位一体，政治上成为极权，理论上就必然成为决定论；反之亦然。这就促使他自觉地处处要反对决定论以维护自由。他毫无根据地把理性等同于自由，把暴力等同于极权；他自诩是一个理性主义者，并宣称理性的态度乃是取代暴力的唯一选择。[1] 这种对概念的抽象化大概只能走到甘地式的或托尔斯泰式的非暴力论的结论。这种结论却又是他无论如何也说不出口的。所以爱·卡尔又批评他说：他一方面号称是在保卫理性，一方面却又以他的零碎工程学把理性缩减到非常可怜的地步。爱·卡尔还用了一个形象的比喻说：他派给理性的任务和地位，就好比英国政府里的文官，只能是听命于上级的政务官，波普尔的理性是完全听

---

[1] K.波普尔：《猜测与反驳》，纽约，1968，第18章。

命于现行的社会秩序的。[1]

最后，在讲了那么多的历史与史学的理论之后，历史到底有意义吗？波普尔明确地回答说：历史没有意义。然而，历史虽然没有意义，我们却可以赋予它意义。所以有人评论他说：在形而上学的意义上，他否定了历史的意义，但是在实用主义或存在主义的意义上又肯定了历史的意义。这是形而上学和实用主义两者的结合。[2]在这种意义上，他也有理由被人说成是一个"反形而上学的经验主义者"。[3]而在另一种意义上，他的贡献又恰好在于他对逻辑主义的思维方式补充了一种历史思考的因素。

至于他的反历史主义的理论，其中主要论点虽大部分是可疑的，但是假如一种理论的贡献并不单纯在于它所给出的答案，而且也在于它所提出的问题，那么，可以认为波普尔的理论仍不失为有其一定的成绩。在他把历史思考的因素注入思想方法论时，他提供了一个新问题，即在史学理论中怎样运用证伪方法作为检验的标准

---

[1] 爱德华·卡尔：《历史是什么》，纽约，1961，第207页。

[2] 汉斯·迈耶霍夫：《我们时代的历史哲学》，（美国）加登城，1959，第300页。

[3] I.伯林：《反潮流》，纽约，1982，第37页。

这一问题，从而有助于人们进一步去探讨，并通过对他的批判而提高历史学的理论水平；尽管其中有着那么多不可原谅的疏漏（例如，他完全不提古典历史哲学的价值）和那么多无可弥补的缺陷（例如，他过分简单地绝对化了决定论）。何况他本人运用这种方法成功与否，还是另外的问题。

七

克罗齐的史学理论可以概括为一句话，即"一切历史都是当代史"。[1]那意思是说，一切历史都必须从当前出发，脱离了这个唯一的坐标系就无所谓历史。柯林武德的史学理论也可以概括为一句话，即"一切历史都是思想史"。[2]那意思是说，历史之成其为历史就在于有其中的思想，抽掉了思想，历史就只不过剩下来一具空躯壳。在另一个地方，柯林武德又阐释说："每一个时代都在重新写历史；每一个人都在把自己的心灵注入历史研究，并根据自己本人的和时代的特征观点去研

---

[1] B.克罗齐：《历史学的理论和实践》，纽约，1960，第12页。

[2] R.G.柯林武德：《历史的观念》，牛津，1962，第215页。

究历史。"[1] 这种思潮反映了现代西方史学理论上的一场大换位，即把史学的立足点从客位上转移到主位上来。它标志着西方传统的朴素的自然主义历史学的根本动摇。在这一根本之点上，波普尔继承并发展了这种思潮的精神，即历史作为事件历程的本身，是根本就不存在的；或者说，自然主义意义上的那种客观的历史，是根本就不存在的。[2] 所以这种理论——即从根本上否认有所谓（兰克意义上的）客观如实的历史的理论——就被人称之为克罗齐-柯林武德-波普尔的史学理论（亦即关于史实的理论）。[3] 这一史学理论中带根本性的问题，即历史学认识论的问题，从克罗齐开其端，经过柯林武德的发扬，到波普尔手中，现在已经成为西方史学理论中的一门显学。这已是一个不争的事实；一个史学理论的研究者，无论是赞同它还是反对它，大概总是无法回避它的。

毫无疑问，波普尔对于历史主义、对于史学理论，有许多看法都是成问题的，甚至于难以自圆。但他也还

---

[1] R.G.柯林武德：《历史哲学文集》，纽约，1966，第138页。

[2] 同上书，第99页。参见卡尔·波普尔：《开放的社会及其敌人》第2卷，第269页。

[3] D.卡尔和W.德雷编：《历史哲学和今日的历史实践》，渥太华，1982，第313—314页。

有另一个方面。如果说，科学家的真正成就并不在于发现了一种新理论，而在于发现了一种新观点的话，[1]那么，波普尔所提供的观点和方法之中的一些新因素还是值得加以研究和深入批判的。如果说，一种理论的价值就在于其答案的正确与否，那么，波普尔的理论大概可以说并没有多大价值。但如果说，一种理论的价值某种程度上也还在于它所提出的问题及其推理方式的创新性，那么，波普尔的理论似乎并非全无可取。前一种观点是判断思想内容的是非，后一种观点则是衡量其推论方式的深浅。两者的关系并非简单的同一或一致。错误得很深刻，可能要比正确得很浮浅更有助于丰富人们对真理的认识。正如维特根斯坦所说的"一种新比喻可以清新我们的智慧"[2]，一个新问题或一种新思想方法同样可以清新人们的智慧。对真理的认识过程，本来就是通过正反两个方面在不断深入而开展的。或许，这就要求我们对波普尔的理论区别两个方面来看待：一方面，是他思想的内容实质，一方面，是他思想的推论方法。有些人的贡献在于其结论，另有一些人的贡献则在于他们所提出的问题和思想方法。虽然观点和方法总是密切

---

[1] L.维特根斯坦：《文化和价值》，芝加哥，1980，第18页。

[2] 同上书，第11页。

相联系的，但又毕竟并不是同一回事。据说维根斯坦曾说过："我所能给你的一切，就只是一种方法，我不能教给你任何新的真理。"[1] 意思是说，结论的真假是另一个问题，重要的是在于提供一种新的思想方式。似乎不妨说，波普尔的史学理论对当代的影响，主要的也是在这一方面。

至于那另外一方面，即他思想的内容实质的那一方面，虽然也有人认为他的理论做出了两大贡献，一是历史学情况的逻辑理论，二是他的进步制度的理论；[2] 还有人认为他的理论一劳永逸地揭示了历史主义与科学经验二者之间互不相容。[3] 但这类评价的正确性似乎是很可疑的。真正值得考虑和研究的，看来并不是他那些对政治和历史的表态，而是他的方法论所提出的新问题，即，历史主义能否证伪以及如何可能证伪？

---

[1] K.I.尼恩：《维特根斯坦的历史观念》，伯克利：加州大学出版社，1969，第109页。

[2] 参见希尔普编：《波普尔的哲学》第2卷，拉萨尔（伊利诺伊州），1974，第923页。

[3] I.伯林：《历史的必然性》，伦敦：牛津大学出版社，1954，第10—11页。

历史学是科学吗?*

◇ 决定人类历史变化的就不仅仅是不以人的意志为转移的规律,还有一部分是以人的意志为转移,是受到人的意志的影响的。我们知道有一句话是"下定决心,不怕牺牲,排除万难,去争取胜利"。假如世界的一切历史都是不以你的意志为转移的,那你下定决心、不怕万难、不怕牺牲又有什么用?

◇ 历史不同于自然界,它有两重性:一重就是它的自然性,因为人的历史也是自然界的一部分,也是宇宙的一部分,所以它不能违背自然界的规律,因而它是必然的,是科学的;但是另一方面,它又有非科学的成分,就是它的主观的意志的成分,也就是以人的意志为转移的成分在里面。

◇ 历史学家除了科学的头脑以外还不可避免地要有一

---

* 本文第二作者为张丽艳。

颗诗人或文学家的心灵才能体会到人——作为历史的主体——的心灵深处。

◇ 两个科学家可以表达同样的内容,而两个历史学家表达同一件史实时,所给人的印象却不可能是完全相同的。

◇ 历史既是自由的人所创造的事业,它就没有自然界那样的必然。

◇ 要真正科学地对待科学和对待历史,就必须承认历史中以及历史学家研究中的非科学的成分及其地位。

一

将近半个世纪以前,有一位历史学界的领导做过一次讲演,题目是《历史学是怎样成为科学的》,主要内容是讲,旧的历史学都不科学,现在我们学习了马克思主义,就使历史学成为科学了。但是"历史学是怎样成为科学的"这个题目本身,从逻辑上讲,就包含有一个未加证明的结论:历史学是科学。这一点是不言而喻的。所以"历史学是怎样成为科学的"也就是说,历史学不可能不成为科学。他的前提里面实际上预先就包含了这一结论。

历史学是不是科学？这要看"科学"是怎样定义的，看你怎么界定"科学"。界定了什么叫"科学"，那么你才可以确定历史学是不是科学。要界定"科学"，我们只有查字典，不过字典上的定义也不完全一致。而且也没有一个字典能说就是标准的，什么《韦氏大词典》《牛津大词典》，都没有这个权威说我这个定义才是确切的。什么是科学？广义地说，人类所掌握的所有知识都是科学。比如说 2+2=4，我们大家都知道，那就是科学。还有比这个更进一步的、思想更深刻的科学。比如，《庄子》里面有一句有名的话，"一尺之锤，日取其半，万世不竭"，一尺长的东西，你一天取一半，是永远取不完的。1/2、1/4、1/8，一直到 1/2n，可以无限地取下去。这个思想是非常光辉的。这里面其实就蕴涵了近代数理科学的一个出发点，就是"无限小"的观念。可是我们现在日常用"科学"这个词，不是用在这个意义上。我们今天所谓的科学是指"近代科学"。近代科学一般说应该是从 16 世纪开始。它和古代科学不同。恩格斯在《自然辩证法》里面有一句话，讲得很精辟。他说古代科学是天才的、直觉的。但是到了近代，科学变成了有系统的、有意识的，是有步骤地、有计划地、有目的地在进行的。古代的科学尽管有光辉的命题，但是它是一种猜测或者是一种直觉。它没有论证，没有系统，也没有展开，所以它没有能够形成近代的数学。近代数学的出发点也是这个，可是它形成了一门系统的学问。这是近代科学的第一个特征，或者要素。另有一个要素，就是近代科学是实证的，是实验的。大家都知道伽利略的落体实验。以前人们都认为，重的东西先落下来，轻的东西后掉下来。伽利略带了轻重不同的两个球到比萨斜塔上去实验，发现两个球是同时落地的。这虽然只是流行的一个传说，说是伽利略做了这样一个实验，但这是伽利略科学实验的精神。伽利略还做过很多其他的实验。这就表明近代科学是可以实验的，是可以重复的。我们说，水到了0℃就结冰，你可以实验，它每一次都是到了0℃就结冰。如果不是这样，那么水就不能说是0℃结冰。所以近代科学是以实验来证明的。这是近代科学的特点。近代科学是有意识地、有系统地、有步骤地进行，是可以反复实验的，用实验来证明的东西。这一点是古代科学所没有的。正因为近代的科学走上了这样系统的进步的状态，所以它就有可能突飞猛进。在17世纪，近代科学的体系已经形成了，这就是牛顿的体系。在牛顿以后，18世纪它在西方世界就确立了统治地位。19世纪的科学领域里出现了一次可以说是迄今为止最重大的事件，就是达尔文的进化论的提出。它对于人类思想的影响也是非常巨大的。在19世纪几个重要代表人物的科学思想里，包括孔德以及斯宾塞，都认为科学有一个客观的进化规律，符合这个规律的就承认它，不符合这个规律的就不能成立。这种思想可以说渗透到了每一个角落，结果就使得社会思想和人文思想都极力向科学看齐。研究历史的人，研究哲学的人，或者是研究社会科学的人（包括研究经济学的人）都想要找出这样的规律来，就像是达尔文的生物进化规律那样。在中国，一直到20世纪初，严复所介绍的那些思想，包括社会进化的思想都是沿着这个路数的。严复为《群学肄言》写译序的时候就说，社会的进化有它必然的规律。这种思想不但在西方的影响非常之大，对中国的影响也非常之大。一直到新中国成立以前，甚至到了新中国成立以后，大家对于科学的看法大抵都是这样的：科学是可以实证的，科学有必然的不变的规律，任何人都是不能违反这个规律的。五四运动提倡科学和民主，"五四"所理解的"科学"就是这种实证意义上的科学。胡适的文集里有一篇文章批评一个人，说这个人的思想不科学，因为他当时还不懂得进化论，胡适以为进化论就是唯一的科学。但是20世纪初年科学界也经历了一场变化。许多新的科学理论出来了，而且又经过实践证明，恐怕科学也不是像从前想得那么简单而必然。比如我们认为生物是进化的，是按照物种无限地繁殖－生存竞争－自然淘汰－适者存留这样一个规律在进化的。大概在某种条件之下是可以适用这个规律的，但是它未必就是普遍的必然。这就好像牛顿的经典理论一样，它在某一个场合之下，比如说在一个惯性系统之内，这个定律是有效的，但是超出这个范围，他这个定律就无效了。达尔文的进化论，过去被奉为是不可动摇的，可是我们知道今天也有一种理论，认为是5600万年以前，有一个小行星撞到了墨西哥尤卡坦湾，引起了一场地球表面的大灾变，于是恐龙就绝灭了。然后又经过长期的进化，才出现了从猿到人。假如那个小行星没有撞到地球上，那么地球今天也许不是我们人类的世界，还是恐龙的世界。这一灾变对于地球，对于地球生物的进化来说完全是一个偶然，因此，很多事件恐怕并不是那么必然，也就是说，创造世界的时候，预先就给你设定好了怎样怎样的必然。但是人们旧的关于科学的观念不太容易改变，总是倾向于认为一切事物都有它必然的客观的规律。我们认识了或承认了这个客观的必然的规律，就算是科学的，或者说就认识了科学。这种科学观不能够成立，甚至物理世界也未必就是那么必然。比如说下雨之后，我们看到天上有彩虹，这个彩虹我们可以认为它是客观存在的。为什么是客观存在的呢？因为每个人都看得见。什么叫"客观"呢？就是每个人都看得见,或者都承认、都认识到这件事。既然每个人都看到天边的彩虹,所以这个彩虹就是客观存在的。但实际上彩虹并非客观存在,而只存在于我们的视觉里。事实上这是大家共同的主观。大家都主观地认为那是彩虹,实际上彩虹并不存在。既然我们对于客观世界的理解是这样,我们对于人类主观世界的理解,就更没有一个客观意义上的存在可言了。

科学能够成其为科学:第一,它必须是能够定性的;第二,它必须是能够定量的;第三,它必须是普遍的规律;第四,它必须是能够实验或实证的。那么这可不可以引用到历史学上来?我们现在所谓的科学实际上是指近代意义上的科学,而尤其是指19世纪以来实证意义上的科学。如果科学是指那种意义上的科学,我们就说它是科学。Science这个词来自拉丁文"scientia",它原来的意思是"知识"。后来到了英文或者法文里面,就成了"science"。但是德文里面另外有一个词"wissenschaft",也是知识的意思,中文翻译的时候也用"科学"这个词。英文里面把物质科学叫作自然科学,人文学科叫作"Humanities"。这个人文科学,可以把"科"字去掉,叫它"人文学",或者叫作"社会学科",而不借用自然科学意义上的"科学"。它也是"学",它也有它的规范,也有它的逻辑,也有它的一套操作方法，有它的认识。不过它的性质和自然科学意义上的性质有所不同。这个最大的不同或最根本的不同是什么？就是自然界是自然的，它不存在意识，只是自然存在。但是人文学或社会学科，它自始至终彻头彻尾贯彻着人的有意识的活动，它不是没有意识的，而是有着人类的意识在里面起作用。这是人文学科和自然科学的最大不同。我们总是说"不以人的意志为转移"。但那是自然界，自然界不以人的意志为转移，如明天要不要下雨，这不以我们的意志为转移，因为它是自然界的作用。自然界本身没有意志。可是历史是人的历史，人是有意志的。所以我们说"不以人的意志为转移"，这个话只能够就自然界来说或者就自然因素来说，但是不能够就人文的因素来说。比如说人总是要死的，这是自然的，我们可以承认。但是，你总不能说某一个人必然在某一天死。因为一个人的死不光是自然的原因，它还有很多其他的原因，比如说战争，它在哪天爆发，怎么爆发，或者打死了某一个人，这是说不定的。这一点就不是自然世界的"不以人的意志为转移"的那种意义上的科学了。

历史本身是客观存在，研究客观存在这件事情是科学。是科学，它就要服从科学的规律。但是它又不仅仅是科学，它比自然科学多了一个人文的因素。就是人有人的意志，有人的愿望，有人的情绪，甚至有人的恶意。总之，有人类所有的思想意识的活动在里面。而这是推动历史演变和发展的。假如人类没有一切思想，没有一切愿望和感情，或者甚至是恶意等等，假如所有这一切都没有的话，那就没有人类的历史，人类就只有自然界的历史，就和其他生物一样，仅仅是一个自然物的存在。那么他的演化规律就是自然的。然而人的历史还有人文的因素在起作用。所以决定人类历史变化的就不仅仅是不以人的意志为转移的规律，还有一部分是以人的意志为转移，是受到人的意志的影响的。我们知道有一句话是"下定决心、不怕牺牲、排除万难，去争取胜利"。假如世界的一切历史都是不以你的意志为转移的，那你下定决心、不怕万难、不怕牺牲又有什么用？你牺牲它是这样，你不牺牲它也是这样；你下定决心它是这样，你不下定决心它也是这样。就好像明天下雨一样（直到今天我们还不能操纵气候）。你下定决心、不怕牺牲、排除万难都没有用。但是全部的历史动力都有人的感情、人的愿望、人的知识等人的因素在里面起作用。所以历史不同于自然界，它有两重性：一重就是它的自然性，因为人的历史也是自然界的一部分，也是宇宙的一部分，所以它不能违背自然界的规律，因而它是必然的，是科学的；但是另一方面，它又有非科学的成分,就是它的主观的意志的成分,也就是以人的意志为转移的成分在里面。我们很难说许多偶然的事件是怎样非常重要地影响了历史的。比如说一个人的寿命有多长,当然有一定的限度,这是自然的规律,无论一个人保养得多么好,大概活到100多岁就完了,到现在还没有超过150岁的纪录。这个是自然的规律。但是在这个限度之内,一个人究竟活多久,这在很大程度上也取决于他个人的生活经验。这是他主观造成的。比如说他喜欢吃什么东西,不喜欢吃什么东西,这会影响到他的健康;或者他的作风是怎么样的,有的人很急很暴躁,会促使他短命。这些因素都不是自然界事先规定的必然。一个人死得早一点或者晚一点,那就会使历史的面貌有很大的不同。我们知道中国近代有一次改革,是戊戌变法。当时光绪皇帝是支持变法的,西太后是反对的。西太后70多岁才死,那在当时算是年纪很大了,假如她早死几年的话,情形就不一样了。光绪就变成最高的统治者,如果由他来支持变法而不像西太后那样反对的话,会不会中国就是另一个样子呢?至少或者会有相当大的不同。这一点就不是必然的了,而是带有很大的偶然性。每个人的思想不同,愿望不同,我们说这是人文动机。有人想发财,有人想升官,或者有的人想要做出什么成绩来、做出什么事业来,所有这些动机都是推动历史发展的因素。这些因素是取决于人的意志的，有的人努力了，就成功了，有的人不努力，就没有能够成功。当然也还有很多别的因素在制约着，虽然你努力但是你的客观条件不够，也没有能够成功。我们知道文艺复兴时期的天才达·芬奇，他是人类历史上第一个科学地去研究飞行的人，但是始终没有成功，因为当时整个的知识条件不够。我们知道飞机是1903年才发明的，到现在已经有100年的时间。在这以前也有很多人想要造飞机，但是都没有能够成功。这取决于很多客观的条件。但是人们的努力毕竟是在历史上起作用的一个重要的因素。

所以历史本身就有其两重性。一重性就是作为自然的一部分，它要服从自然的必然规律。另外一部分是作为人文的那部分，它不服从必然的规律。在不服从自然界的必然规律这种意义上，它是自由的。借用哲学家康德的一个比喻，他仿佛是说上帝创造世界的时候就给世界立了法，自然界必须要遵循上帝给自然界规定的必然。但是上帝创造人的时候，也给人立了法，那就是自由。上帝把自由交给了人类，然后他就不管了。法学也应该承认这一点。否则，假如一切都是必然的话，人们就不必负法律的责任了。比如一个精神病人，出了什么问题，大概法院不会追究他的法律责任，因为他没有选择的自由。所以这一点就好像是,上帝创造了人以后,就把自由交给了人,上帝创造了自然以后就把"必然"加之于自然界。自然界必须服从自然的法则。上帝创造了人以后,人类就要遵循自由的法则。至于你怎么做,就要你自己去负责。这就是历史学的两重性所在。人类的历史乃是自由人所创造的自由的事业,而不是某种先天注定的必然。一方面,它作为自然界的一部分,要服从自然的规律;但是另一方面它作为人文世界的主动者,作为人文动机的负荷者,这是要由它本身来负责的。所以历史的两重性就很难用我们过去所习惯的"不以人的意志为转移"来解释。因为它有其要以人的意志为转移的那一方面。这个两重性用一个不恰当的比喻,就好像是一个平行四边形的两条边,历史的走向乃是由四边形的两边来决定的。它由两个坐标来决定,一个坐标是必然,一个坐标是自由。历史是在这里面曲折地前进的。所以它既不是完全由人的意志来操纵的,但是人的意志、人的愿望,也就是所有的人文动机又是其中最重要的因素。这一点乃是历史的本质所在。所以从某种意义上,就它的必然的规律来说是可以预言的,可是就它的人文动机这一点来说又是无法预言的,因为它是自由的。所以我们回答"历史是科学吗"这个问题时,就应该回答说,历史既是科学,又不是科学,它有两重性。

它有它科学性的一面，这方面是必然的；但是它又有它非科学性的一面，这方面不是必然的。我们应该同时考察这两个方面。

20世纪初的英国历史学家柏里，是编《剑桥史》的英国顶级历史学家，当时他的思想还是沿着19世纪的自然的思想进行的，所以他的那句名言说："历史学是科学，不多也不少。"我想这句话应该做一点改动："历史学不就是科学，它比科学多了一点什么，又少了一点什么。"它不恰好就是科学。这是它和自然科学不同的地方。因为作为人文的成果来说，历史毕竟是人的创造。既然是人的创造就不是必然的。它是人所创造的一件艺术品，艺术品毕竟是艺术家的创造。既然它是艺术家的创造，它就不是自然界所给定的必然，它可以有它自己创作的自由。在这种意义上，它不是必然的，它是自由的。这一点，我想可以用来回答"历史学是科学吗"这个问题，回答是：历史学既是科学又不是科学，它比科学多了一点什么，又少了一点什么。我们所知道的历史和自然科学所知道的历史有很大的不同。那就是自然科学知道的事实，可以实验或实证，可是历史无法再做实验也无以实证。历史既然不能够重复，是一次性的，我们怎么样才能找到它的规律呢？我们普通所说的"规律"，都是在它重复了多次以后，我们才找出它的规律来。如果它只是一次性的,那么我们怎么找规律,它有没有客观规律那种意义上的规律?如果没有的话,历史学家是凭什么理解历史的?自然科学家是凭借实验来理解自然现象,一次不对的话,可以再做。既然历史学家不能够做实验,那么他们怎么能够认识历史的真相?作为一个历史学家,了解历史的真相,就只有凭借他自己的理解和想象。因为理解不可能是全面的,我们甚至对自己的理解都不可能是全面的,很多人没有自知之明,就表示他连自己都不理解,那么还能够理解别人吗?显然也不能。他的工作就像一个艺术家一样,凭想象来建构,根据他自己的生活经验来建构。这是我们在所有伟大的历史学家的著作里面都可以看到的。恰好是这一点说明了:历史没有必然的客观的规律。因为我们所知道的历史,都是历史学家所写出来的东西,而他所写出来的东西在某种意义上来说,乃是一件艺术品,是过去的事情在他脑子里面的再现。在他脑子里再现的,是不是就完全符合历史事实?这是不大可能的事。假定有一个人,大家都对他很了解,如果要大家每个人都如实地写出自己所理解的这个人,我们就会发现答案不会是一样的。有的人认为这个人好,有的人认为这个人差,有的人认为这个人勇敢,有的人认为这个人懦弱。我们对自己的认识也不可能完全准确,对别人的认识更不可能完全准确。这一点就完全是凭借历史学家文学想象的能力了。他愿意这么想或那么想都可以。在司马迁的《史记》中,我们发现很多地方都是他在发牢骚,而且很多地方都是抒发他自己的感情。但严格的科学是不允许这样做的。没有一个科学家在他的科学论文里面畅抒他自己的感情,发自己的感慨和牢骚,否则那就不是严格的科学研究了。科学研究是"无我"的,应该是一种"无我之境",没有你自己在里面,你自己的思想感情都不能在里面。可是司马迁《史记》里面的文章,几乎到处都是在发他的感慨和牢骚,在驰骋他个人的想象。司马光写了一部《资治通鉴》,这部书写得很严谨,他绝对不收入神话传说和任何怪力乱神的说法。司马光有他自己很多独特的见解。这些见解也不符合中国的传统。例如对有名的荆轲刺秦王的故事说明历史学家对于历史的看法,完全是有他个人的自由,你可以这样看,他可以那样看。又如皇位继承的问题,秦皇、汉武、唐宗、宋祖都在这个问题上出了纰漏。两位司马都谈过这个问题。但是这些问题恰好是人文的,物理世界里面没有这个问题。而人文世界里面就有这个问题。因为人类有权力欲,有财富欲及各种欲望,就一定会有人文动机掺杂在里面。所以它没有物理世界所谓的客观规律。这一点是历史学和自然科学不同的地方。所以自然科学比较容易达成一致的结论。尽管在自然科学领域也有很多不同的学派，但是无论如何总还存在有一致的标准，就是说你不能够违背自然界的事实，比如说可以做实验。可是历史学就没有这个东西了。它研究的对象不是物理世界的事实而是精神世界的事实，所以对于历史的判断，很大程度上是凭借历史学家的艺术天才，这种艺术天才是捉摸不定的。在这种意义上，历史学不是科学，也不可能有自然科学意义上的那种客观。历史是人创造的，它和自然界不一样，自然界的日月星辰、江河大地都是自然给定的。只有人这种被创造物，同时又是他自己的创造者。历史学是历史学家写出来的。历史学家也是活人，所以他们的理解每个人也不一样，而且必然每个人的想法是不同的。没有两个人的思想意识是完全一样的，甚至孪生兄弟的思想意识也是不一样的。鲁迅和周作人两个人就是个显著的例子。周作人后来做了汉奸。历史学家是活的，历史也是活的，是由活人创造出来的。每个人都有不同的思想、不同的意识、不同的感受，所以看问题就不会完全一样。所以历史就没有自然科学那种客观性。特别是因为人文因素里面包含有一个价值判断的问题，你认为这样好，他认为那样好，这本来可以有不同的情况。比如，黑夜里你碰到了一个歹徒要抢你的钱，你可以和歹徒拼死斗争，这当然很勇敢；但是你也可以把钱包交出来——至少很多人就是这样选择的。这里面有一个自由度，不是说非如此不可，不是说哪种就一定是最好。这个价值观念在自然科学家那里可以没有，但是在历史学家、在人文学家那里就有。另外，即使是在自然科学里面，科学也有革命的可能。中世纪时候的宇宙观是托勒密宇宙观，是神圣不可侵犯的。到了哥白尼提出日心说，认为大地是动的，被称为"哥白尼革命"。可见科学也是可以革命的。既然科学认识都可以革命，就是说它并不是非此不可，不是像我们所想象的那样是绝对不可动摇的真理。

还有一种说法，说是虽然我们不能够认识绝对的真理，但是我们的知识的进步可以逐渐地接近那个绝对的真理。这个说法恐怕也要受到质疑。一个就是我们刚才所讲到的，科学可以革命，如果一革命的话，就可以把以前的完全推翻；一旦完全推翻的话，就不意味着你可以越走越接近科学的最后真理了。此外，科学的真理这个东西，毕竟不是北极。如果我们向北走，总有一天可以走到北极，越来越接近北极，接近到最后，我们就到达北极了。当我们到了北极的时候，我们就可以说我们已经到达终点了，这就是最北了，再走一步，就是向南走了，北极就是最后的终点了。然而问题是，我们所说的科学的那个绝对真理究竟在哪里，我们并不知道，所以我们也不知道有没有这个真理，所以我们也不知道我们是不是正在接近那个绝对真理。这跟我们向北极走不一样。因为我们确实知道有一个地方就是北极，确实知道我们在向北走，所以我们每向北走一步，就是接近北极一步，那么我们走到最后就会踏上北极这一最后的目标。可是在科学上我们不知道有没有绝对意义上的绝对真理，它在什么地方，所以我们就无法确定我们是不是在接近绝对真理。也许有一天来了一场天翻地覆的革命，又把以前的一切都推翻了。在历史上这类的例子太多了。比如说中世纪认为人是由上帝创造的，后来进化论出来了，原来人是由猴子变的，是经过一个生存竞争的漫长的历程才形成了今天的人。我们同样也不知道我们是不是在越来越接近真理。我们知道，我们是越来越接近北极，只要我们一直向北走。可是我们不知道我们是不是一直在接近真理。这说起来，有点像是不可知论了。我们不能否认科学进步的意义和价值，但是也没有根据承认有绝对意义上的真理。既然我们无法证实究竟绝对真理是否存在,以及假如它存在的话,究竟是存在在哪里,我们又如何可能知道我们是在不断地趋近它呢?

二

任何知识或思想的传达都需要凭借一种可以用以传达的运载工具。任何科学或学科都需要有它的传达工具或载运工具。那往往是一套符号,一个符号就代表着某种意义。∵a>b,b>c;∴a>c。这是人人都理解的。而且更为重要的是,人人对此的理解都是相同的,而不会各有不同的理解。然而a、b、c是什么?客观的自然界并不存在a、b、c。又如"时间""空间""质量"究竟是什么,恐怕谁都给不出一个明白确切的界说,然而人人都会运用这三个基本维度来解决种种力学和机械的问题。这表明大家都不言而喻地对于这种术语有着相同的理解。其他各门科学的情形也都类似,即大家总需有些某种共同的概念作为基本的出发点,尽管它们是自明的、不言而喻的。否则就不可能有知识的传递了。

历史学的情况与自然科学有所不同。历史学这门人文学科所依赖的主要传达工具，迄今主要的还只是日用的语言文字，是从人们的日常谈话中孕育出来的，而人们对之却没有共同一致的理解。所以也就必然带有极大的模糊性和不确定性，而不可能获致明确的共识。例如，人们所说的"自由"或"民主"，大概人们从来就不曾有过一致的理解，各人都有其自己的认同。例如人们可以说"资产阶级的民主"或"无产阶级的民主"。但是也可以说，民主总得有一个明确的共同内涵，如果有所不同的话，那也只能是程度上的不同，而不是性质上的不同。

古语说"诗无达诂"，那意思是说诗并没有任何一种确凿不移的唯一解释，每个人都有其自己的理解和感受。其实，一切艺术都是没有"达诂"的。贝多芬《第五交响曲》开头那几声重击的音符，大家都知道那是命运在叩门。如果他本人不曾说过这话，人们大概不会联想到这是命运在叩门。何况即使作者自己说过这话，听者也没有必要这样去理解或联想，他只要能欣赏那音乐本身就够了。听贝多芬的《月光曲》也无须知道它表现的究竟是月光的宁静还是对他的恋人 Julietta 的热情。历史学是用日常生活的语言文字来表述的，所以也有一个"达诂"的问题。历史学家不可能亲临以往历史的现场，他对历史事件的知识是通过别人的语言文字的转述而获得的，然后他又用自己的语言文字来表达他自己心目中的历史场景。司马迁描写鸿门宴的场景尽管栩栩如生、跃然纸上，但那毕竟是他个人心目中的虚构。他只是通过自己的语言文字在构造他从别人那里所得到的印象。他所描述的画面正如他那位原始讲述者的描述一样，都是通过他们自己的创造的成果。而我们对他的记述，又只是我们对他那个文本的解构。所以每个读者的理解和感受也会是个性化的而又各不相同的。那种理解和体会在很大程度上带有诗情画意的成分，也就是带有很大的艺术的成分。历史学家除了科学的头脑以外还不可避免地要有一颗诗人或文学家的心灵才能体会到人——作为历史的主体——的心灵深处。就此而言，历史学的性质在很大程度上乃是艺术，是文学。传统史学中对一个历史学家的首要要求就是他必须具备"史才"。所谓"史才"就包括他的构图能力和表达能力。他必须能够将他心中的感受很好地表述出来。这一点就更多是艺术而更少是科学。即使我们看到的是同一幅场景，但每个人的感受都不同，而且表述也不同。有些人的表述能摄其精髓，而另有些人所表现的只是抽象的人而不是活生生的人。对活生生的人的体会和表达就成其为"史才"的最根本的条件。但这种灵心善感同样更多是艺术而不是科学。科学内容的传达可以不需要艺术才能，例如它可以采用数学公式，那对任何读者表现的都是同样的内容，并且可以同样地为所有的读者所接受。

两个科学家可以表达同样的内容，而两个历史学家表达同一件史实时，所给人的印象却不可能是完全相同的。但是人们对历史的理解又无法实证，而只能通过历史学家的表述。这里面既有历史学家的局限，又有读者方面的局限，所以就不可能得出像科学那样大家一致认同的结论。故而传统的说法"文史不分家"有其一定的道理。简单地说，科学所传达的知识是普遍有效的，对所有的人都是一样的，读者的理解也都是一样的。而两个历史学家所叙述的同一件史实，就会各有不同，而对同样的叙述，读者的理解和感受也是各有不同。何况人们对历史的知识只能是通过多次辗转的传述，是通过作者很多次的炮制和读者的多方解读的。所以每个人都有他自己的各不相同的领悟。

当然，人类和人的历史也是大自然的一部分，所以它也必须遵循大自然的规律而不可能外在于自然的规律（例如，人总是要死的）。但是人和自然界的其他一切事物又有着一个根本的不同之处，那就是：他同时又是自由的，因而也是自律的，是自己在规范着自己的，而不像自然界的其他事物那样全然被注定了是必然的。自然界的行程只能有一种必然，而人文动机却带有很大的主动性。因此读者就必须认真考虑其中的目的性。人的行为和思想大抵都是有明确的目的的，而这些目的并不是自然界给定的，而是人们自主的行为。用一个比喻的说法，历史的行程好比是一个平行四边形的对角线，它的两个边，一边是必然的自然规律，一边是人文动机的驱动。或者说一边是它的合规律性（Regelmassgkeit），另一边是它的合目的性（Zweckmassigkeit），两者之间动荡不安的合力就成其为历史的行程。科学探讨的只是事物的规律，而历史学则必须同时探讨人类活动的目的。都是由于人文目的的动机——好的和坏的、崇高的和卑鄙的、伟大的和渺小的——才创造了人类的历史。因此历史研究中的目的论就是不可或缺的最根本的一环，而自然科学根本不必考虑目的论。

历史既是自由的人所创造的事业，它就没有自然界那样的必然。对物，人们的认识和理解可能是而且应该是一致的，它的载运工具和表达方式是一样的，所以可以得到一致的结论。就历史学而言，则其使用的概念，其意义和内涵却没有一致的理解，其载运工具和表达方式也不统一,所以不可能得到相同的结论。所以古今中外的历史有过那么多的有关道统之争,每一家都自命为真正的原教旨,其实这类争论在理论上(但不是在实际上)乃是毫无意义的。这里不妨借用卡尔·贝克尔的名句"人人都是他自己的历史学家"。不过贝克尔的这个论断也不大正确,因为毕竟在各个不同的历史学家的背后,总还得有一个独一无二的具体事件。不能因为有不同的理解,就否定了史实本身的存在。毕竟是荆轲去刺秦王,而不是秦王去刺荆轲,但是对于这一史实的理解和表述,史家却可以各不相同。正因为历史学不可避免地包含着种种人文因素:理想、热情、好恶以及野心、谎言、欺骗乃至史家的人生观、价值观,所以它就不可能像科学那样在人文动机和价值上是中立的。

历史事件是只有一度即不可得而再得,但历史学却在不断地重写。之所以重写,是由于每个历史学家可以有他自己独特的加工,有他自己的思想方式和价值观所形成的偏见。他所绘制的历史画面,乃是他的艺术创作品。正如圣母只有一个,而圣母像却可以有无数个,而且它们各不相同。它的创造当然也要服从自然的规律,就这一方面而言,它也是科学。所以史学家也都在嘲笑秦皇汉武求仙以期长生不老。就其服从自然规律而言它是科学,但是就其作为一项人文活动而言,则它又是一门艺术创作的自由活动。这就是历史学和历史学家的两重性所在。人文学科既包括科学的成分，也包括非科学（但不是反科学）的成分。热情、野心、狂妄、追求、贪婪、阴谋，等等，都不是科学的产物，却都是人文的动机。如果没有这些，人类便不会有文明史而只有生物的自然史。毕竟一部文明史乃是自由的人所创造的事业而不是自然界的必然。把历史学归结为科学，那是很不科学的。要真正科学地对待科学和对待历史，就必须承认历史中以及历史学家研究中的非科学的成分及其地位。

本文所谈当然仅限于历史学与科学的不同方面，也就是历史乃是彻头彻尾的目的论的。历史是被人们有意识地在朝向一个目的而运动的，而自然本身却是无目的的并且无意识地在运动的。当然，科学家也是人，也不可避免地负荷着各种人文动机，这些人文动机当然也会影响到他对于无意识无目的的自然世界的研究。不过，这应该是讨论自然科学认识论的主题了。

原载《山东社会科学》2005年第9期

历史学家、历史学和历史

◇ 史学家的思想和他所讲述的历史是一个整体的两面，不了解史家的思想，便很难了解他所讲述的历史，而我们对历史的知识又是从史家的叙述得来的。了解历史学家的重要就在于此。

从一个历史工作者的专业角度来说，历史、历史学和史学史三者组成了一个三位一体，这实际就是我们通常所说的或所理解的"历史"。历史本来是指过去所发生过的（思想上与行动上的）事件，但这些事情要能传达给我们，则必须要靠一个载体，这个载体就是历史学（通常所采用的形式是历史著作）。没有它，我们就不知道历史。人们的思想与活动构成历史，人们对历史的研究和认识则构成历史学。也可以说，没有历史学，我

---

* 本文发表时署名何哲。

们就不知道有历史；或者说，对于我们的历史认识而言，历史和历史学以及历史学本身的历史（史学史）乃是一个不可分的整体。我们不了解历史学和史学史，也就不可能真正理解历史。我们所知道的历史都是历史学告诉我们的，所以我们不可以得鱼而忘筌。

20世纪初美国历史学家古奇（G.P.Gooch）写了一部《19世纪的史学与史学家》，名噪一时，为一般研究西方史的人所必读。目前20世纪即将结束，而中国的新史学（与传统史学相对而言）又恰好与20世纪相终始。它的第一个阶段始自梁启超的新史学和王国维的历史新证，第二个阶段则是马克思主义独领风骚的半个世纪。是不是我国的史学家也应该有人出来写一部《20世纪中国的史学与史学家》呢？我们如果不了解20世纪的史学与史学家，也就不可能很好地理解历史，因为我们理解的历史毕竟是由历史学家那里获得的。这个工作自然有其特殊困难。是不是可以先来做一项现代史学史资料长编的工作。

最近很高兴读到了《往事与沉思》传记丛书中的最初四卷，它们都是有关当代史学家的第一手材料：傅振伦、何兹全两先生的自传自然是第一手的；顾颉刚、谭其骧两先生的传记系出自亲属或弟子之手，多有为外人所不知的事迹，也近乎是第一手的。

历史学家也像诗人和哲学家一样，是以探讨人生为其对象的。自然科学家以探讨自然为其对象，他要把自然对象放在各种不同的场合（如高温、超高温、高压、超高压）之下加以考验才能了解物性。人性既不可能进行实验，就只好凭在特殊的非常态的情况下进行观察了。

史学家的思想和他所讲述的历史是一个整体的两面，不了解史家的思想，便很难了解他所讲述的历史，而我们对历史的知识又是从史家的叙述得来的。了解历史学家的重要就在于此。

陈启能、于沛、姜芃几位同志能有此慧眼和学识，不辞艰辛编辑出一套当代史学家的传记，第一辑已出五册，今后仍将继续编纂当代史学史的史料集成，诚可谓嘉惠士林、功德匪浅。让我们祝愿今后连续不断出版这类传记，它必将成为史学领域的一桩不朽的伟业而载入史册。

原载《史学理论研究》1998 年第 3 期

历史是什么?[*]

◇ 雨后的天空会出现彩虹,它是人所共见的,但彩虹是客观存在的吗?每个时代、每个群体、每个个人都会有其局限性或偏见,因此,传统史学家所谓的那种意义上的"客观如实"(wie es eigentlich geewessen),是根本就不存在的。

◇ 任何学科的进步都必定要伴随着不断的自我反省和自我批判。没有不断的自我批判也就没有进步可言。

我们通常所说的"历史"一词,包含了两种含义:一是指过去所曾经发生过的事件、思想和活动;二是它同时也指我们自己对它的认识和理解。这里便有两种不同层次和不同内涵的对象。但是人们却往往习焉而不

---

[*] 本文系作者为彭刚著《叙事的转向——当代西方史学理论的考察》一书所写的序言。

察，把这两者等同为一并且混为一谈，由此便产生了许多理解上和思想上的混乱。我们通常说的一部中国史如何如何，这可以指过去所曾发生过或所曾出现过的事件和思想都是些什么，但也可以指某些文献或证据都在表明过去曾发生过什么事件或出现过某种思想。这两者本来是两种性质不同的对象，却往往被人混为一谈而不加以区别。一部中国史，可以指中国过去的历史都曾发生过什么事实，但也可以指有关中国历史的资料都向我们表明了某种意义。虽然两者都被简单地称为历史，但两者的内涵却不相同，各有其不同的诉求和祈向。一种是指事实上都发生了什么，一种是人们是如何理解或解说这些事件的。既然历史事件无法重演，我们就只能在事后进行间接的推论。因此这些论断就都是事后的推导，而不是直接的论断。所谓意义，并不是史实所直接给定的，而是读史者事后所推论得出的。一种是当时发生了什么史实，一种是事后人们是怎样理解的。史实只是数据，历史学家的职业则是要把数据总结为一个公式。数据可以是给定的，但所总结出来的公式则是人为的。而我们既然不可能直接参与历史事件，便只好局限于转手所得之于史料的素材，再加以自己的思想制作。我们既然不可能直接参与历史事件，便只能根据历史学家是怎样表述的而再重新述说历史。过去人们在使用"历史"

一词时,对于其间的区别往往习焉而不察,从而引致了思想和认识上的混乱。甚至连孟子都有"尽信书不如无书"之嫌。

我们所知道的历史事实总是有限的、片面的,所以总会有其主观上的局限性,所以不可能是真正"客观的"。大家即使一致认同的,也并不就等于客观。雨后的天空会出现彩虹,它是人所共见的,但彩虹是客观存在的吗?每个时代、每个群体、每个个人都会有其局限性或偏见,因此,传统史学家所谓的那种意义上的"客观如实"(wie es eigentlich geewessen),是根本就不存在的。但习惯势力却总是在引导人们倾向于认为被大多数人习惯上所认同的就是客观的事实,例如说秦始皇是暴君、曹操是奸雄之类。问题是,尽管我们不可能认识历史全貌的真相,但我们又终究是在相信我们有可能日益接近所谓历史的真相。

在历史学的领域,这个问题的提出和19世纪末叶自然科学观的大变革是同步的。在历史学的领域,问题就在这里:什么是所谓的"历史的真实面貌"?我们应该如何界定"历史的真实面貌"这个概念?17世纪牛顿的经典体系仿佛是一劳永逸地解决了物质世界运动的奥秘,以至于诗人蒲柏称赞他说:"上帝说,让牛顿出世吧,于是一切便都大白于天下。"19世纪的达尔文,似乎对于生物世界也同样地发现了它的大经大法。但是任何科学理论都不可能是最后的定案,人类的认识总是不断在进步的,历史学当然也不例外。人们的思想和认识总是不断在演进的,对于所谓"历史的真实"的看法也不例外。19世纪下半叶以来,随着各门学科的进步,历史学的领域也更深入地在考虑"什么是历史的真实"这个问题。过去长期被奉为圭臬的所谓"客观如实"的这一信条也就随之动摇了。历史学并不仅仅是史料学。史料是一堆砖瓦建材,但是要建筑历史学的大厦,却有赖于乃至取决于历史学家所精心勾绘的那张蓝图。尤其是到了20世纪,随着传统的史学思想信念的倾塌,各种新观念和新理论竞相争奇斗艳,使人目不暇接。史学理论这个领域也就从过去那种附庸地位冉冉升起,蔚为一门显学。看来历史学作为一门独立的特殊学科,既要求有其严谨的纪律来规范,但同时又是充满了个性创造力的一门艺术。它要求个性的创造力并不亚于它之要求严谨的科学性。它既要求严格的纪律规范,又要求富有天才创造性的艺术想象力,亦即它既要求自然科学那种严谨的献身精神,又要求有艺术家的那种灵心善感。

本书作者多年来潜心研究当代史学理论名家的各种学说。本书不但对当代西方史学名家如海登·怀特、安克斯密特、斯金纳等人的理论有深入的探讨,而且同时能抒发己见，每能探骊得珠，从而为我国的史学理论，尤其是史学认识论做出了有价值的贡献。希望本书能有助于我国史学界深入一步地进行一番理论上自我批判的洗礼。任何学科的进步都必定要伴随着不断的自我反省和自我批判。没有不断的自我批判也就没有进步可言。如果要问：历史学是科学吗？19世纪史学界代表人物柏里的答复是："历史学是科学，不多也不少。"但是当代史学家的答复很可能是："历史学是科学，但它不是传统意义上的科学；它比科学多了点什么（例如，它要求灵心善感），又少了点什么（例如，它不可能重复进行同一个实验）。"

什么是历史？什么是历史学？我们对这个问题只有不断地进行反思和自我批判，才有可能对于所谓历史得到一番更为深切卓明的理解。

史学理论要与史学实践相结合[*]

◇ 任何学术研究,如果要求既不盲目又不空洞,就必须使理论与实践两者时时刻刻紧密地结合在一起,使理论不断地被实践所充实、所调节、所提高;同时实践也就被理论不断引导着而日益深入和提高。

一切学术研究都有其理论的与实践的两个方面。这两方面并不是互相排斥的,而是相反相成的。没有理论,实践就是盲目的;没有实践,理论就是空洞的。任何学术研究,如果要求既不盲目又不空洞,就必须使理论与实践两者时时刻刻紧密地结合在一起,使理论不断地被实践所充实、所调节、所提高;同时实践也就被理论不断引导着而日益深入。

自从中国步入现代化行程,她的历史学研究就步入

---

[*] 本文系作者为《史学理论》杂志创刊20周年所写的笔谈文章。

了一个新的阶段。一百多年来的历史学研究自从步入了她的现代化阶段，就呈现出一副崭新的面貌，那是过去传统所从未曾有过的，并且取得了过去所从未曾有过的成就。然而多少令人感到有所遗憾的是，理论与实践双方之间的结合似乎尚欠紧密。理论的历史学家似乎凿空立论的成分多了一些，缺乏充分的史实根据；而另一方面，实践的历史学家又似乎对于理论思辨过于忽视，仿佛把理论当作某种先验的、既定的现成框架，只要把史实纳入框架，就完成了自己的任务。双方似乎都忽视了最为根本的一点，即两者是互相依存、互相制约和互相促进的。

史学理论是根据史实总结出来的，不是先验地推导出来的。所以实践的历史学家不应该根据现成的理论框架，强行把史实纳入这个框架之中，竟仿佛实践的历史学家的任务只不外是用某些史料或史实就再一次证明了某种现成的永恒理论。理论和实践双方是处于不断地互相制约和互相促进的发展过程之中的。两者互相分离的结果，使得双方都蒙受其弊。这也是使得史学理论研究在过去一段相当长的时间内缺乏了它所应有的茁壮生命力和旺盛发展的原因。

今年欣逢《史学理论》(《史学理论研究》)创刊20周年纪念。20年来它的成绩和贡献有目共睹。它标志着史学理论研究已在我国学术界获得应有的地位。让我们向它致以衷心的祝贺，并期待着我国史学理论研究繁荣发展新时代到来。

原载《史学理论研究》2007 年第 1 期

指导思想不能代替理论研究[*]

◇ 历史唯物主义的普遍原理是史学研究的指导思想,然而它却不能直接代替史学理论,正如辩证唯物主义的普遍原理并不能直接代替,例如,物理学中的基本粒子理论一样。

一般来说,每门学科都有理论和实践两个方面。这两方面是相辅相成的,一方面的进步或局限往往促进或制约着另一方面的发展。二者不可偏废,一个缺少了另一个,就会流于盲目或者空洞。新中国成立以来,历史科学在钻研史实或史事方面取得了很大的进展;相形之下,史学理论方面的研究工作却显得有所不足。这表

---

[*] 1983年2月9日,中国社会科学院世界历史研究所邀请北京部分史学工作者就如何加强马克思主义史学理论的研究问题举行座谈。作者时任中国社会科学院历史研究所研究员,本文系作者在该座谈会上的发言摘要,标题为编者所加。

现在有关史学理论的著作在比例上少了一些，也表现在史学理论研究在深度上比较不够。

历史唯物主义的普遍原理是史学研究的指导思想，然而它却不能直接代替史学理论，正如辩证唯物主义的普遍原理并不能直接代替，例如，物理学中的基本粒子理论一样。而过去某些史学理论文章的缺欠似乎就在于满足以引征和考订普遍原理的权威论述来直接代替对史学理论的具体研究。这种办法实际上是以考据代义理。但科学理论归根到底应该是从科学实践中来，而不应从辞章考订中来。一个生物学者必须认真学习和理解达尔文，但对达尔文著作原意的考订却不能代替生物学理论的研究。一个物理学者必须认真学习和理解牛顿和爱因斯坦，但对牛顿和爱因斯坦著作原意的考订却不能代替物理学的理论研究。同理也应该适用于史学理论的研究。正是在这种意义上，以往的史学理论研究工作显得有其不足之处。

近现代各种科学的突飞猛进，很大程度上有赖于各门学科之间的相互渗透和相互影响，并由此派生出大量边缘性的尖端科学。历史学虽然是世上最古老的一门学科，却没有理由安于抱残守缺、故步自封。它应该不断地汲取各门科学新成果的营养来丰富自己，从而保持自己日新又新的生命和青春。像心理学、控制论、应用数学、科学方法论等这样一些与史学理论密切相关的姊妹学科，何以长时期就不能引入史学研究的领域中来，实在是令人感到有点惶惑莫解。要开展史学理论的研究，重视和引进现代科学的新成果应当是一个不可或缺的重要环节。四个现代化，首先是科学一定要现代化，因而历史科学也一定要现代化，因而史学理论研究也一定要现代化。史学工作者应该有气魄高瞻远瞩，正视历史科学的现代化问题，努力把史学推向科学高峰，而不应把它禁锢在古代的、乾嘉考据式的狭隘的视野之内。

同时，我们应该努力推动：（1）研究马克思主义的史学理论；（2）研究一个多世纪以来世界的和中国的马克思主义史学理论发展的历史和现状；（3）研究近现代国内外史学理论和方法论中的重要流派、人物和著作。只有站在前人和今人已有的基础上，我们才可能希望史学的理论与实际通过现代化的手段和方法而达到我们所应该达到的现代科学的高度。

原载《世界历史》1983年第3期

史学理论应该有一个大发展[*]

◇ 我国的历史学有着几千年绵延不断的悠久传统,我国的历史曾经经历了堪称盖世无双的种种实验。可以毫不夸张地说,她那有关人性的资料的积累是举世之中当之无愧的第一位。

这里所说的"史学理论"一词是用在我国当前通用的意义上,即包括历史理论和史学理论两者在内。对任何学科,理论和资料是不可偏废的,两者互相促进,相辅相成,缺一不可。没有资料,理论就无从发展;反之,资料进步了,理论就不可能(并且也不应该)不发展。然而多年以来,历史学界似乎形成了一种思想习惯,

---

[*] 1992年7月31日,《史学理论研究》编辑部与《历史研究》编辑部联合在北京召开"开创史学理论研究新局面"座谈会。京津史学理论研究工作者共约40人出席会议,本文系作者在该会上的发言整理而成。

把理论看成是某种给定的、现成的、不变的真理,这种真理是无须历史学家再去萦心加以研究的,他所要做的工作只不过是用材料或例证来充实或疏证这个现成的、给定的真理架构而已。在这方面,你能做出一分工作,就算有了一分成绩,能做出两分工作,就算有了两分成绩。历史学家的工作似乎仅此而已。即使有所谓理论研究,但究其实质,也大抵仍是以考据代理论,是在对理论进行考据研究,而不是在对理论进行理论研究。至于以义理(而不是以考据或辞章)研究义理,则似乎并不是属于历史学家分内的工作。因此,尽管对具体历史问题的资料研究,积累了不少的成绩——尤以考古材料的新发现之成绩斐然,是有目共睹的事实——但理论方面并没有取得相应的发展。之所以如此,很可能既有心理上的原因(唯恐误触禁区,如历史思维的立体性之类的问题),也有习惯上的惰性(如只满足于考订形而下的器,而不肯深一步去思考在它背后但与之不可分割的形而上的道)。但是任何学科如果只有资料的积累而没有理论的钻研和创造,从长远来说是不会有真正的进步的。物理学家不能把自己只限于引用数据和事例来说明或证实牛顿的原理;生物学家也不能把自己只限于引用数据和资料来说明或充实达尔文的原理。物理学家和生物学家在收集和整理他们的事实材料的同时,也必须要研究自己立论所依据的理论本身，并从中做出日新又新的总结来。认为真理已经是明摆在那里，有如日月之经天、江河之行地，而研究者的工作则只不外是找出新的事例来给既定不变的真理增添上一条新的注脚而已——应该说这是经学的方法，不是科学的方法。

任何科学都随着时代而进步，而它的理论也要与时俱进，不断在修订、在改造、在创新。不仅我们对理论的认识有一个不断深化（修订和改造）的过程，而且理论自身也有一个不断深化（发展和创新）的过程。历史学不是经学，所以它不能走以经解史或以史解经的道路。认为理论本身是永恒不变的，而且是不可究诘的，我们的工作仅是通过例证来增加自己对它的信仰——这也是经学的态度而不是科学的态度。

有人认为，历史学和自然科学不同：自然科学研究的是物性变化的规律，对于物质我们可以进行受控的实验，积累新资料，并以之修改旧理论或另创新理论；历史学研究的是人性（包括阶级性）变化的规律，但对人性我们却无法进行受控的实验，因此就无从对理论进行实证。不过在这里，似也适用恩格斯所说过的话，即辩证法是不承认有什么固定不变的界限的。人性也并非就不能进行实验。事实上，历史是每天都在进行着人性的实验的（例如，通货膨胀就是对人的物质和心理的应力在进行实验，正有如以高压或高温在实验某种物质材料的应力是一样的）。

我国的历史学有着几千年绵延不断的悠久传统，我国的历史曾经经历了堪称盖世无双的种种实验。可以毫不夸张地说，她那有关人性的资料的积累是举世之中当之无愧的第一位。历史是不断在发展的，理论首先是现实的产物，而不是任何给定的指示（或启示）的产物，它是随着现实而在不断发展变化的。历史学和任何学科一样，从根本上说是不可能只有资料（克罗齐称之为"编年"）的进步，而不伴之以理论的进步的。当代中国的历史学界实在没有理由辜负自己这份如此之得天独厚的遗产，他们理应责无旁贷地迎接中国史学的现代化（科学现代化理所当然地包括史学的现代化），立足中国、面向世界，在资料积累和理论进步两个方面都做出与自己的地位相称的贡献来。这种现代化的史学理论应该是既有自己的独立性、自己的风格和特色，同时又不自外于人类历史理论和史学理论的普遍真理，并且它恰好是以自己的独创性而丰富全人类历史思维的宝库。

原载《史学理论研究》1992年第4期

编　后

一切炫人眼目，都只不过是一片过眼云烟，唯有真正的精金美玉才为后世所宝。

——歌德

何兆武先生今年已经98岁高龄。4月底，清华108周年校庆期间，一位老师告诉我，何先生精神不错，身体尚健，只是听力变弱。我觉得这是清华校庆期间我得到的好消息。

九年前，因写作出版《一个时代的斯文：清华校长梅贻琦》，我有缘认识何兆武先生。何先生1939年考入西南联合大学，1943—1946年读研究生，联大七年先后读过四个系，他在《上学记》里详细讲述了在西南联大求学时的无限欢乐——有大师、有挚友，有希望、有迷茫，有幸福、有困顿，有和平、有战火……一谈起西南联大的主心骨梅贻琦先生时，何先生那写满岁月沧桑的笑脸上，绽放着虔诚和崇敬，悄然感人。他娓娓地回忆起老校长梅先生的敬业、沉稳、纯粹的品性，平和地述说梅先生的逸事趣闻，高度评价了梅先生的教育理念和办学成就。

听何先生讲梅先生的故事，我也就慢慢地走近何先生。当时已届九旬的他，心平如镜，谦和若水，虽然一再抱歉记性差，可一打开话闸，世间万象皆了然于心。他思维敏捷流畅，许多场景描述得如同电影一般清晰有趣，有时哪怕是家常式的聊天，却常常闪烁着哲思的光芒，让听者感受到的是思想的盛宴。

何先生说，渴求真理乃是人之所以为人的绝对需要。人之异于禽兽就在于：人不是一种食肉兽，是一种食真理兽，要靠吃真理而生存。因此，何先生一辈子都在追求真知，即使在劳动改造，不闻学术的昏暗日子里，他也没有放弃过。对于学术，何先生坚信，学术有它自己的尊严和价值，不是神学说教的女仆。他真诚希望自己的潜心问学，能够帮助人们开启迈向现代化的大门。

科学是一把双刃剑。在何先生看来，科学在近代已经取得了无与伦比的胜利，但是它还没能完全克服人们思想中的偏狭、愚昧和迷信，它还需更好地认识它自己的有效性的范围，承认在自己的领域之外的其他各种非科学思想的合法地位，包括道德、伦理、信念、理想、感情等等在内。人类并没有仅仅因为科学的进步，就能保证自己的生活更美满、更幸福。美好的生活、美好的社会和美好的历史前景，并不仅仅依赖于我们必须是"能人"，还更加有赖于我们必须是"智人"，是真正有智慧的人。没有人文社科的健全发展，科学（知识就是力量）一旦失控，将不但不是造福于人类，反而很有可能危害于人类。的确，如果希特勒之流掌握核心技术，那必定是人类的劫难。

作为历史学家，他一直在从古今中外的大历史中寻找中国迈向现代化（或近代化）的文明进步之路。何先生认为，人类文明的进步，首先而且主要是靠此前历代智慧的积累。如果不是站在前人已有的基础之上，反而把前人的成就和贡献一扫而光，人类就只好是倒退到原始的野蛮状态，一切又从零开始。前人积累的智慧结晶不但包括物质文明，也包括精神文明，不但包括科技和艺术，也包括历代所形成的种种风俗、体制、礼仪、信仰、宗教崇拜、精神面貌和心灵状态等等。因此，任何人都无权以革命的名义（或以任何的名义）去破坏和摧残全民族、全人类千百年的智慧所积累的精神财富。

近代中国已经无可逆转地步入了世界大家庭，这一进程只能是一往无前而义无反顾的。近代以来，确实有人也曾想要闭关自守，甚至以天朝上国的姿态妄自尊大，俯视环宇，结果只是落得一场堂·吉诃德式的闹剧的幻灭。

中国近代化的起步要比西方晚了三个世纪，因此人们就错误地认为我们近代化就要学"西学"。何先生一再提醒，其实我们要走的乃是近代化的道路，这是全世界共同的道路，不论哪个国家，哪个民族都要走近代化的道路。只不过这条共同道路上，西方比其余的世界（包括中国）先进了一步而已，这是大家共同的道路，不是"西方"的道路，不过是西方早走了一步而已，我们中国人也要走这一条道路，所有的国家都要走这一条道路，近代化道路是所有国家共同的道路。

由于历史条件不同，每个民族当然有各自过去历史上所形成的特色，但它共同的道路乃是普遍的，普遍性终究是第一位的。中国当然有中国的特殊性，每一个国家，每一个民族都有它的特殊性，不光是国家、民族有特殊性，个人也会有特殊性。人类的历史有它的普遍性，也有它的特殊性。我们不能强调一方面，忽视另外一方面。比如特别强调中国的特殊性，讲什么都把它放在第一位，那你把普遍性价值放在什么地方？同样，反过来，如果只提普遍性，那大家千篇一律、千人一面，这样也不成。任何东西都是从传统里边演变出来的,所以不能对传统全盘否定;可是又不能永远停留在原来的那个水平上,总是要不断地提高和进步的。

作为哲学家,他从中国哲人到西方哲人那里广泛地汲取文化思想史的营养,不断地丰富自己的学术洞见,探索中国现代社会(或近代化)文明进步的要素。

何先生说,一部人类史的开阖大关键,不外是人类怎样由传统社会转入近代化的历程。其间最为关键性的契机,厥惟近代科学与近代思想的登场。近代科学与近代思想之出现于历史舞台,不应该视为只是一个偶然的现象,它乃是一项整体系统工程的产物。中世纪的思维方式产生不了近代科学。这是一场思想文化上脱胎换骨的新生,培根、笛卡尔、帕斯卡、伽利略、伏尔泰、卢梭等一长串的名字都为此做出了不可磨灭的贡献。近代思想文化的主潮或许可以归结为这样的一点,即人的觉醒。换句话说,自从文艺复兴以来,近代思想的总趋势即是人的觉醒;在启蒙时代,康德的理论里达到了它的最高境界——自由,以自由为基础的道德律和权利,绝不是一句空话,它是驾驭人类历史的大经大法。全部人类的历史就是一幕人类理性自我解放的过程,也就是理性逐步走向自律的过程。思想自由、言论自由和学术良心是被康德所强调的一个公民最根本的、不可剥夺的权利。无论自己侵犯别人的自由，还是别人侵犯自己的自由，都是最严重的侵权行为。一切政治都必须以人类自由为原则，否则政治就会堕落为一场玩弄权术的无聊游戏。

正是这些先哲三百多年来前赴后继的启蒙，使得19世纪英国法学史权威梅因可以用一句话高度概括人类的文明史——迄今为止，一切进步性社会的运动，都是一场"从身份到契约"的运动。也就是说，一切进步性社会的特点，都是人身依附或身份统治关系的消失而让位给日益增长的个人权利与义务的关系。何先生强调，圣人制作和名教统治都不是什么垂宪万世的东西；永恒不变的只有个人的天赋人权或自然权利。人是生而具有平等的权利的，因而是生来就享有自由的；这些权利是自然所赋予的（天赋的），不分等级高下。

具有划时代意义的五四运动已经一百年。何先生也和我多次谈到五四运动。何先生说，中国历史从传统社会走到现代社会，直到五四运动，才总结出科学与民主两面旗帜。因为近代化是一个全球性、普遍性、不可逆转的潮流，但如果没有科学和民主，就很难有近代化。讲究科学，就必须有一个条件，即思想自由。如果思想上没有自由，学术是无法进步的。而民主就是民主，不民主就是不民主。民主和科学一样，有粗精之分、高低之分，形式可以有不同，实质是一样的。就我们现在来说，近代化具有普遍性，是第一位的，民族特色是特殊性，是第二位的。

上大学时，何先生经常与他的同学挚友、世界著名的逻辑学家王浩先生探讨人生幸福这类永恒的话题。他谦逊地说，其实没有标准答案。不过，何先生还是给出幸福的方子，一个是你必须觉得个人的前途是光明的、美好的。另一方面，整个社会的前景，也必须是一天比一天更加美好。如果社会整体在腐败下去，个人是不可能真正幸福的。能够讲述世人幸福之道的何先生，幸福吗？他经历沧桑，在战乱频仍、饥饿横行、疯狂无限后，始得晚景的一片安宁。不过，从他那和蔼安详乐观的神态里，我觉得他是幸福的。这种幸福不是一般人能够体会到的，只有像他这样经历苦难仍悲悯天下，穿透迷雾而拨云见日，坚信我们终将走上现代化大道的人，才能有这样难得的体验，才配享这样多彩的百年人生。

何先生曾借用诗人济慈的墓志铭说："人生一世，不过就是把名字写在水上。"细细体察何先生近百年来的行谊，他一直都这样看淡自己的人生，在追名逐利的浮躁氛围中，学富五车的何先生却始终与思想为友，甘于清贫，甘于寂寞，宁静淡泊。不过，我坚信，不论何先生自己如何淡然，但如他这样的人中龙凤，像他这样的人生，一定会被后人所记。

阅读何先生的作品，无论是他的学术文章，还是随笔散文，都是一种享受。他的文字简洁、干净、幽默、睿智，常常让人耳目一新，感受到通往常识和智慧道路上的豁然和快慰。比如，常有人认为明清之际，西方传教士为中国带来了近代科学技术。何先生一直反对，他认为，近代世界的主潮是科学与民主。那些传教士是要传播中世纪的宗教，跟近代科学和民主并没有关系，因为中世纪宗教实质上反对近代科学，这些传教士不可能带来中国所需要的近代科学与近代思想，所以他们对于中国的近代化没有贡献。

承蒙何先生信任，我有幸整理、编辑他自20世纪80年代以来发表在各类报刊上的学术文章和随笔散文。这些文章视野非常开阔，但主题却是高度的集中，即近代化是世界各国的共同道路，中国也概莫能外。要走近代化道路，就必须举起科学和民主两面大旗。我将何先生的文章，依所涉内容辑成历史、哲学、文化、读书四大类，辑成此书，旨在为面向未来的读者提供普及常识、追求真知的读本。2012年初版时为厚厚的一册，再版时为了方便读者阅读，特将此书按历史、哲学、文化、读书四大类内容单独成册。

在2012年本书初版时，得到科学出版社大众图书出版分社社长周辉先生的鼎力支持。此次再版,微言传媒总编辑周青丰先生给予专业支持和协助。这本书的出版过程中,自始至终得到清华大学经管学院刘燕欣老师的鼓励和帮助。在此,我谨向他们致以诚挚的谢意!

最后,我要感谢我的妻子和女儿。如果没有她们的理解和宽容,为我营造思想的自由世界,我很难能经年累月地静下心来发现与采撷何先生的这些"精金美玉",呈献给诸位读者。

钟秀斌
2019年5月于北京

图书在版编目(CIP)数据

必然与偶然：何兆武谈历史 / 何兆武著.
-- 上海：学林出版社，2019.10
ISBN 978-7-5486-1589-7

Ⅰ.①必… Ⅱ.①何… Ⅲ.①史学—文集 Ⅳ.①K0-53

中国版本图书馆CIP数据核字(2019)第244370号

策 划 人	钟秀斌　周青丰
责任编辑	李晓梅
特约编辑	夏　青
封面设计	微言视觉 ｜ 苗庆东

何兆武思想文化随笔

必然与偶然：何兆武谈历史

何兆武　著

出　　版	学林出版社
	(200001　上海福建中路193号)
发　　行	上海人民出版社发行中心
	(200001　上海福建中路193号)
印　　刷	上海盛通时代印刷有限公司
开　　本	787mm×1092mm　1/32
印　　张	8
字　　数	133千字
版　　次	2020年1月第1版
印　　次	2020年1月第1次印刷
ISBN	978-7-5486-1589-7 / K·162
定　　价	48.00元